The Art of Marketing

マーケティングの技法

音部大輔

宣伝会議

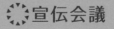

はじめに

マーケティング活動の進化と複雑化

スマートフォンの普及に端を発し、感染症の流行など近年の環境変化を経て日常生活のデジタル化が急速に進んでいます。センサーやデータ技術の進化によって、テクノロジーやサービスは日々アップデートされています。

消費者行動のデジタル化はマーケティングのデジタル化を促します。新サービスやツールが次々に生み出され、テクノロジー企業やサービスを示したカオスマップは複雑化する一方です。ところが、一つひとつの施策の効率や効果が高まったとしても、マーケティング活動全体の成功に結びつかないことがしばしば起こっています。部分最適の延長線上に、必ずしも全体最適があるわけではないのです。最新のサービスを導入したものの、既存の活動と連動しづらく、成果がうまく出ないこともあります。接点が増えることで、各活動の影響力は相対的に下がり、単発の施策や広告活動では、ブランドを構築しにくくなってきました。

その一方で、多様な接点やツールをうまく連携し、マーケティング活動全体の最適化が実現すれば、その効果と効率は部分最適な活動と比べて飛躍的に高まるようになったといえるでしょう。

活動の組み合わせが複雑になったことで、ひとつの広告会社にすべてのマーケティング活動を依頼することは効率的ではなくなってきました。もはや全領域を得意とする万能の広告会社は期待しにくいからです。複数の広告会社やパートナーと協働することが、ブランドの競争力を高く維持するために欠かせません。

言うまでもなく、「新兵器」としての新テクノロジーや新サービスの導入は、競争で優位に立つために不可欠です。そのためには、部分最適の運用ではなく、マーケティング活動全体を俯瞰する能力が必要です。事業コストの効果的な管理のためには、原材料が製品となり消費者の手に届くまでの、バリューチェーン全域を俯瞰するのが有効です。同様に、マーケティングやブランディング活動の効果的な管理のためには、消費者の認識（パーセプション）を中心に、活動全体を俯瞰するのがとても有効です。

本書は、こうした複雑化する環境下で、ブランドマネジャーやマーケティングチームが現状認識や将来像を共有し、市場創造やブランド構築を計画・実行し、的確な判断を下すために活動全体を俯瞰する「技法」を紹介するものです。そして、そのマーケティングの技法こそが「パーセプションフロー・モデル」です。

パーセプションフロー®・モデルとは

パーセプションフロー®・モデルは、消費者の認識（パーセプション）変化を中心としたマーケティング活動の全体設計図です。マーケティングの４Ｐ、すなわち製品、価格、流通・店頭、施策などの全活動を図示するので、各活動が的確に配置され、連携し、全体最適を実現するのに有効です。

パーセプションフロー・モデルは、消費財のブランドマネジメントに携わっていた筆者が考案、命名したものです。１９９０年代末にＰ＆Ｇの日用雑貨ブランドが、日本市場でブランドマネジメント用のツールとして使いはじめました。その後、アルコール飲料、自動車、オートバイ、医薬品、家電、住宅など、適用範囲を大きく広げていきます。学習塾や通信教育、保険、ＩＰ（知的財産）、アプリ、電力会社、放送局などの無形のサービス、Ｄ２ＣやＢtoＢ領域への適用も進んできました。外資系企業のブランド組織からはじまりましたが、近年では多くの日本企業でも運用されています。「高頻度で繰り返し購入される日用品」から「低頻度で関与度の高い耐久財」まで、また伝統的な大企業から新興企業にいたるまで、広範な事業領域で成果を発揮し、重用されています。

適用範囲の拡大につれて進化を重ね、実績とともにバージョンアップしてきました。初期の運用は経験を積んだマーケターに限られていましたが、適用領域が広がるにつれて研究と改良が進み、より多くのマーケターたちにとって使い勝手のいいマーケティング・ツールへと変化してきました。本書は、そうしたすべての経験と知見を整理し直し、凝縮し、一冊にまとめた初の書籍です。

パーセプションフロー・モデルは、製品や流通経路、販売の視点から「どのように売るか」という旧来型のアプローチではなく、消費者の視点から「どのように欲しくなり、満足するか」を考え、可視化します。**1章**で例示するように、ブランドの育成だけでなく市場創造にも重要な役割を果たしてきました。また、消費者を中心とした諸活動の可視化は、部門間でも共有しやすく、消費者中心の組織構築や文化醸成にも大きく貢献しています。

パーセプションフロー・モデルには数多くの優れた特徴があります。未来の消費行動を促す消費者の「認識の変化」に着目するのは、既存の消費行動を描く一般的なカスタマージャーニー・マップとは大きく異なる点です。ブランドが目指す未来像を「全体設計図」に表すことで、複数の部門やパートナー（広告会社、ＰＲ会社など）、多様な新技術など多くの要素をうまくオーケストレイト（統合）しやすくなるでしょう。環境変化や施策の変更があった際に、素早く修正して関係者に共有することも容易です。

はじめにパーセプションありき

パーセプションフロー・モデルに含まれる重要な概念である「パーセプション」について、ここで少し説明しておきます。

パーセプション（perception）という言葉は、英語の辞書では「知覚」となっていますが、マーケティングの文脈に限るとむしろ「認識」の方が的確なようで、「認識」とも「知覚」とも理解できます。本書では、「認識」は消費者が頭で理解したり心に思ったりしていること、「知覚」は消費者が五感などを通して感じとること、と解釈することにします。感覚器でとらえた「知覚」を脳が解釈し、意味を理解した状態が「認識」です。蚊の飛んでいる羽音を聴覚がとらえ、腕にかゆみを感じたら、このふたつの知覚から「近くに蚊がいて、自分は刺された」と認識する、という具合です。

認識と知覚の理解は、「なにを言うか、どう言うか」という送り手の視点だけでなく、「どのように聞かれて、どのように理解されるか」という受け手の視点をもつことにもつながります。

本書の構成と活用法

最初に、パーセプションフロー・モデルを構築するに至ったふたつの事例を取り上げます（1章）。その後、パーセプションフロー・モデルの概要（2章）、特徴と効用（3章）、使い方（4章）、そしてつくり方（5章）、検証の仕方（6章）へと進みます。続いて、関連する重要概念やことばの説明を**コラム**として記しました。

本書は、すでにパーセプションフロー・モデルを導入している企業にとっては社内での育成やオペレーション強化のためのテキストとして、これから導入する企業にとっては導入のマニュアルとしても活用できるよう心がけました。

ブランドの運営と成長に責任をもつブランドマネジャーであれば、マーケティング活動全体を設計し「パーセプションフロー・モデルを描ける」ことが期待されます。ブランドの上流部分に関与する広告会社のプロフェッショナルも同様です。ご一緒してきた手練れのアカウントエグゼクティブの多くは、本モデルの考え方に習熟されていました。マネジメントや関係部門にとっては「パーセプションフロー・モデルを読める」ことが役に立ちます。活動を一瞥で俯瞰できるので、マイクロマネジメントに陥ることなく、建設的な助言や的確な支援をしやすくなるでしょう。まだキャリアの浅いブランドメンバーも、まずは「パーセプションフロー・モデルを読める」ことで全体像を把握し、ブランドの方針に沿って貢献しやすくなります。

戦略の諸概念については『なぜ「戦略」で差がつくのか。戦略思考でマーケティングは強くなる』（宣伝会議）に、ブランディングやマーケティングの諸概念については『マーケティングプロフェッショナルの視点 明日から仕事がうまくいく24のヒント』（日経ＢＰ）で詳しく説明しました。踏み込んだ理解が必要なときには、これらも併せて参照されることをお勧めします。

パーセプションフロー・モデルとその考え方をマーケティング活動の基幹ＯＳ（オペレーティングシステム）としてうまく実装した企業では、マーケティングの本質的な強化と効率化に加えて、協働の改善なども観察されています。本書が読者の皆様のマーケティング・マネジメント強化の一助になれば幸いです。

事例から読み取れること

取り上げる事例は20年前のもので、その目的は最新事例を知ることではなく、ブランド回復と市場創造の典型を、追体験を通して理解することです。音楽や建築などさまざまな領域でもデジタル化が進み、楽譜や建築図面を作成する道具が変化し、演奏方法や工法も50年前とは大きく異なりますが、描き方や諸法則などの本質は普遍的であるだろうと思われます。

ブランドのつくり方も同様です。音楽が人々を楽しませ、建築が人々に場所と目的に合わせた環境を提供するように、マーケティングは人々に新しい価値を提案して市場を創造し、ブランドは意味を通して人々の生活をよりよくします。時代が変わり、道具が変わっても、本質は普遍的です。

最初の事例アリエールは既存市場の再創造によるブランド回復を、ふたつ目のファブリーズは新市場の創造を伴う新ブランドの導入を描いています。原理的に市場の創造は、既存市場の再創造と新市場創造の2種類なので、この2例で包括的に説明できます。マーケティングがどのように新しい価値を提案し、市場とブランドをつくるのか、その方法と経緯を追体験しやすいと思います。

事例はいずれも国内発ですが、両ブランドともに全世界で売り上げ1000億円を超える大型ブランドです。長期にわたって安定的に成長を続けているので、持続的な成長をもたらすブランドの参考にもなるでしょう。大型ブランドは、不特定多数の全世帯に対して大量販売すると誤解されることがありますが、長期にわたって市場で成長し続けられるのは、仔細なターゲティングとブランド開発の成果であり、理解しやすいと思います。

また、ファブリーズは、20年を経てクリエイティブ表現を再利用するなど、ブランディングにおける「歴史の繰り返し」を体現するブランドでもあります。一貫したベネフィット（便益）とブランディングによってビジネスを拡大し続けている様子は、ひとつの脚本が時代を超えて新しく映像化されることに似ているかもしれません。

マーケティングの技法 目次

6章 成功につながる検証の仕方

column

Background

1章 開発の背景

「いい商品」が
新たに定義されると、
市場創造が起こり、
首位が入れ替わる。

重要属性の順位転換によって「いい商品」の定義が変わることで、市場が創造・再創造されます。市場のブランドの順位が大きく変化するのは、その結果です。

1-1

既存市場の再創造でブランドが息を吹き返す

市場を一変させた競合ブランドのイノベーション

はじめてパーセプションフロー・モデルを使うことになったのは、P&Gに勤めていた頃のことです。洗濯洗剤アリエールで除菌を訴求するというプロジェクトでした。

1980年代末、洗濯用の粉末洗剤は花王のアタックによって箱のサイズも重量も4分の1以下に小型化されました。それまでは洗剤を買う日は他の買い物は一切できないほどの大きさでしたが、自転車の前かごに入るようになりました。小さくなった洗剤は生活を変え、洗剤市場は再創造されました。「いい洗剤とは小型の洗剤だ」という認識が確立され、アタックが新しいリーダーとなります。当時、マーケティングを専攻する学生の多くがこの事例を学びました。

大幅な小型化は画期的な技術革新でしたが、翌年には競合各社が追随しはじめました。市場の再創造をもたらしたアタックは、リーダーの地位を強固に維持し続けたものの、差別化の難しさから競争の苛烈さは店頭を巻き込み、日常的な価格競争により市場全体の利益は圧迫されていきました。客寄せの目玉商品として、店頭では利益を度外視した山積みが頻繁に行われ、メーカー各社も資金などを支援していました。「洗剤を小さくした最初のブランド」と認識されていたアタックは、3位のアリエールよりも100円（＝約30％）ほどの高値で倍以上も売れていました。アリエールは直近の売り上げを支えるために価格への依存度を高め、マーケティング活動に使える資金の自由度は抑えられていきます。差別化の資金を失うことは、さらなる価格競争を招きます。アタックによって「いい洗剤とは小さい洗剤だ」と再創造された洗剤市場は、ブランド間の均質化によって、にわかに「いい洗剤とは安い洗剤だ」と再定義されつつありました。

アリエールの最大の製品特徴は、漂白成分を配合していたことでした。粉末の漂白成分を洗剤の中で安定させるのは固有の技術でしたから、「どの洗剤よりも白くなる」という機能の訴求を可能にしていました。学校の身体検査などで子供たちの下着や運動着を一番白く保てる、といった情景を描き、「母親」という自我と感情に訴えかけました。印象的な広告は、国際的な広告賞に入選したこともあります。これらはアタックが訴求していた「スプーン一杯で驚きの白さに」という訴求に対抗したものので、アリエールは「一番白い」と訴求していました。ただ、こうした製品上の差をみずから実感できたのは一部のロイヤルユーザーだけで、ほとんどのユーザーの購入理由は「他のブランドよりもちょっと安い」でした。

当時のアタックは、新市場を創造し、破竹の勢いでシェアを伸ばして市場を席巻した覇王です。競合するブランドの駆け出しの担当者から眺めたとき、それは1位ブランドの威容を体現した、まことに恐ろしげな競合でした。圧倒的なシェア、それを支える強力な店頭と広告量、消費者への浸透とロイヤルユーザーの満足。以降、何度も経験することになる「1位ブランドへの挑戦」の緒戦です。旧約聖書に巨人ゴリアテに挑むダビデの話があります。アリエールは、「ちょっと安い」を唯一の武器に、ギリギリで対峙するダビデのようでした。

「失敗したら、クビになっちゃうかもね」

90年代中盤にグローバルの方針で、取引制度が見直された結果、店頭での値下げの原資を失い、実売価格が大きく引き上げられました。唯一の武器を封じられたアリエールは、それまで16%程度あったシェアの半分を一夜にして失い、8%まで急落します。

早急なシェア回復が必要でした。生産効率を求めて高速化したラインは、生産量を落とすと利益率を大きく損ないます。また、洗剤のような主要カテゴリーの商談は、どこの取引先でもいちばん最初になされます。洗剤の商談がうまくいかないと、柔軟剤などのブランド群は商談時間を失い、全社に悪影響を及ぼします。シェア急落と同じくしてブランドマネジャーが退職し、直後に緊急プロジェクトが立ち上がり、半年後の1997年の春に失地回復を目指してブランドの再導入が決まりました。具体的なアイデアはまだありませんでしたが、「ウルトラⅥ」というプロジェクト名が与えられました。そして、ブランドマネジャー昇進前の私が、この急ごしらえの回復プロジェクトを任されたのです。著しく緊張した状況で、ブランドマネジャーでもなく、大した経験もないのに旗艦ブランドチームを率い、威風堂々のアタックからシェアを取り返してこい、という任務です。「これ失敗したら、音部くんクビになっちゃうかもね」と会議中にうそぶく営業部長もいました。参加者たちを前にあらかじめ自身の責任を回避したとも、背水の陣のチームを鼓舞しているとも聞こえました。ブランドマネジャーになり損ねていたうだつの上がらない担当者に、やっと巡ってきた幸運か。それとも破滅のワナか。はじめて経験するプレッシャーに、内臓が締め上げられました。

旗艦ブランドの苦戦はマネジメントの関心や介入を招くことが多いものです。彼らの経験の力を借りて、失敗を回避できることもありますが、ときに報告に時間がかかり減速につながることもあります。マネジメントとブランドチームの間をつなぐアソシエイトディレクターやディレクターは、周到かつ果敢にマネジメントの介入からブランドチームを庇護しました。半年しか時間がない中、マネジメントへの頻繁な報告に時間を失わずに済んだのは、こうしたミドルマネジメントの頑強な支援があったからです。私もブランドチームも組織政治とは無縁で、この直掩がなければブランドは簡単に独立性を失っていたでしょう。立場による貢献の違いを学ぶ機会ともなりました。組織が大きくなるほど、こうした組織管理能力がプロジェクトの命運を分けます。上司たちのおかげで、ブランドチームには大きな自由度が確保されました。

他部門の協力を得るために、上司のオフィスに支援をお願いしにいった日のことをよく覚えています。彼には「Don't bring your problems to my office.（私のオフィスに君の問題を持ち込むな）」と言われました。私は問題の解決を助けてもらいたかったのですから、ひどく冷酷なセリフです。うろたえつつも、このセリフを好意的にとらえれば「自分で解決してこい」とも理解できます。「マネジメント対応の面倒は引き受けたから、your problemsつまりプロジェクトそのものについての問題は、全部任せた」と言ってもらえたものと解釈しました。厳しい口調でありながら、プロジェクトと部下の成功を思いやるリーダーでした。

この状況で、ブランドチームがなすべきことは明らかです。唯一の武器だった価格は使えず、「アタックよりも安い」という最大の購入理由は失われました。山積みと価格で売り込む店頭のプッシュではなく、ベネフィットにより消費者を誘引するプルを喚起しなくてはなりません。価格と同じくらい魅力的で、アタックからシェアを取り返せるくらい強力なベネフィットを開発するのです。

研究開発や製造の部門と、連日の濃密な会議を経て「除菌」であれば半年で製品開発と量産のめどが立つと分かりました。何箇所か綱渡りが予想されましたが、ほかにめぼしい選択肢もなく「除菌」に希望が託されることになりました。すぐに新商品のコンセプトボードを開発し、消費者調査でです。コンセプトボードとは、ターゲット消費者とベネフィットの想定をもとに、商品特徴やパッケージ、価格などを記した1枚の紙です。消費者に見せ、反応を観察することで商品の魅力度を測り、売り上げを予測する調査などに使います。

既存の製品を大きく変更することなく、ターゲット消費者を明確にし、ベネフィットの訴求を強化することで、売り上げ増加を目指すイノベーションのことをコマーシャルイノベーションと呼びます。今回のように製品やパッケージの一部を変更して新商品とすることもあれば、製品を変えずにコミュニケーション主体の新しい訴求をすることもあります。いずれにしても、製品開発やそれに伴う工場の変更が小さいので、迅速に市場導入できます。ブランドによっては、ベネフィット訴求に使っていない製品機能を備えていることがありますが、今回の「除菌」もアリエールの現行製品に副次的に備わっている機能でした。ブランドの埋蔵資源ともいえる除菌を掘り起こし、コマーシャルイノベーションの起点としたのです。

32人中31人が除菌に「ノー」

初回のFGI（フォーカスグループインタビュー）は惨憺たるものでした。当時は1回のインタビューに8人の被験者を招き、アリエールユーザーやアタックユーザーなどに分けられた4グループ、32人の消費者が「除菌」のコンセプトボードを評価しました。そして、「除菌」に購入意向を示したのは1人だけで、31人はいらないと答えました。その1人は「除菌好き」な方で、手洗いせっけんをはじめ洗浄剤は除菌・殺菌系を選んでいました。彼女にとって除菌ができる洗濯洗剤は待ち望んだ商品でしたが、そうした層の出現率は低く、失った8％分のシェアにはまるで足りません。残りの31人は、「除菌よりも安い方がいい」とか「アタックが好きだから使い続ける」とのことでした。

平時なら、このアイデアを即座に放棄するのに十分な調査結果です。教科書的には「質的調査」であるFGIで量的な判断をすべきではありません。とはいえ32人中の31人が「いらない」と即断したアイデアは、普通は生き延びることはなく、すぐに次のアイデア会議が招集されます。ところが今回はそうなりませんでした。すでにアイデア会議はやり尽くしたあとで、再開しても出てくるのはため息ぐらいだと分かっていたからです。そもそも切羽詰まった緊急事態で、スケジュールにも余裕はないのです。

アイデア段階にもどる選択肢がないなら、除菌で突破するしかありません。常識的にはすでに行き止まりですが、「もしも突破できるのだとしたら、どのような状況があり得るか」、最後のグループの話を聞きながら考えていました。こうした場面では、ついつい除菌そのものをいかに魅力的に語るか、に執着しがちですが、それでダメだったのですから違うことを考えなくてはなりません。「除菌」を魅力的に語るのではなく、除菌が魅力的にみえる「状況」を見つければいいと気づきました。そして、惨めな結果に終わりつつある最後のグループに追加質問をお願いしたのです。生まれたての除菌アイデアには、飛び立つ羽がついていないのか、それともまだ羽化したてで羽が乾いていないだけなのか、確かめる質問です。

「ここに2枚の肌着があります。同じメーカーの同じ種類の肌着です。左の肌着には1㎠あたり10万個の菌がついています。特に体にはなんの害もありません。右の肌着には1㎠あたり1万個の菌がついています。こちらも健康にはなんの害もありません。どこにでも普通にいる菌です。さて、ご家族にはどちらの肌着を着せたいですか？」その場でつくった質問なので、1㎠あたりに本当に10万個なのか、1万個なのか実際のところは分かりません。洗濯物と「除菌」の関係や、その可能性を探るための質問です。

興味深いことが起きました。それまでいらないと言っていた最後のグループの8人のほとんどが意見を変えたのです。この菌は健康にはなんの悪影響もないし、右の肌着にも1㎠あたり1万個もついているのに、それでも右がいい、と言うのです。どちらでもいい、ではなく、右がいい。普遍的な選好を示唆しているように思われました。菌は少ない方がいいのです。除菌をそのまま訴求しても響きませんが「除菌でも突破できるかもしれない」と確信できました。「母親としては、菌は少ないほうがいい」という「子供の下着や運動着を一番白く」で想定された「母親」の自我が垣間見えた気がしました。どうせ似たようなものなら一円でも安く買いたいという「購入者」として質問に答えていた彼女たちは、家族の肌着と菌の話で瞬時に「母親」として答えたのかもしれません。回答が翻ったのは、状況の説明で自我が転換したからだと解釈すれば理にかなっています。それまで「除菌」はただの機能でしたが、この瞬間にベネフィットが見えました。除菌の機能があることで、彼女たちは母親として、子供たちの下着を洗うのに最適な洗剤を選べると感じたのです。

難易度の高いベネフィットをPRで訴求

このFGIをもって「除菌でいく」という方針を堂々と提案でき、またマネジメントの承認も得られました。直感的に「いける」と感じた人もいたし、いくばくかの説得を必要とする人もいましたが、数週間で、広告コミュニケーションの開発までこぎ着けました。FGIでも観察されたように、除菌のストレートな訴求はほとんど響きません。その後の調査から、消費者は洗濯後の肌着に菌がいるとは考えていないことが分かりました。「除菌が魅力的に見える」状況とは、FGIで目の当たりにした「洗濯後の肌着に菌がいると、消費者が知っている」状況でしょう。

天日干しで滅菌した気分になっている、「洗剤で洗ってるんだから、菌なんかいないはず」と考えている、あるいはそもそも菌のことなんか気にしていない、などが一般的な認識でした。実際、このプロジェクトに関わるまで、自分たちもそう思っていたのです。天日干しについては「洗濯物に付着した菌が死滅するほどの日光であれば、人間にも相当なダメージがある」と専門家に教わりました。天日干しでは菌はなくならないそうですが、それは専門家しか知りません。洗濯しても実は菌がいる、天日干しでも日光消毒にはならない、という認識が確立できればいいのですが、泥汚れや襟袖汚れと違って、菌が洗濯物にいることは目視できません。「洗濯物に菌が残っています」と理解してもらうには、30秒の広告では時間も短いし説得力も足りないと判断しました。

除菌という機能はアリエールが投入可能な最大の資源で、唯一の突破口でしたが、通常の広告媒体では扱いづらいという性質をもっていました。それでも、うまく仕掛ければ強力な爆発力をもつアイデアであることも分かってきました。シェアは続落し、工場や営業の苦戦度合いも増していて、会社からのプレッシャーも私の内臓のきしみも緩むことはありません。延期も失敗も許されるものではないという、非常事態の環境下で見出した手法が、パーセプションフロー・モデルでした。

難易度の高いベネフィットも、段階を踏めば魅力を理解してもらえます。マーケティングの諸活動をたばねる全体設計図を開発したことが、多様な接点での連続的なブランド体験の、効果的な提供を可能にしました。のちに「戦略ＰＲ」と呼ばれることになる広報活動や、いずれアンバサダーやインフルエンサーと呼ばれるコミュニティ活性化の方法など、コミュニケーションを含むさまざまなブランド体験を、効果的に動員できました。テレビ広告や店頭販促などの直接的アプローチに加えて、広報などの間接的アプローチをうまく織り交ぜて、複雑な活動をうまく管理できるようになりました。

マーケティングを指揮することは、複数の楽器で構成されたオーケストラを指揮したり、多様な兵科で構成された部隊を率いたり、さまざまな領域の専門家が関与する大きな建造物を建築したりするのに似ていると思います。いずれも、楽譜や作戦図や設計図が必要です。大勢を巻き込んで複雑な活動を連携させるためには、構想を目に見える形で示す必要があります。

「除菌」で息を吹き返したアリエール

「除菌」はスケジュール通りに導入され、8％まで劣化していたシェアは3カ月で元の16％まで回復しました。パーセプションフロー・モデルの、初期型ゆえの不安定さは、営業の臨機応変な対応にすくわれました。主要な量販店ではそれぞれの営業担当者が「除菌」をうまく使って商談を進め、価格に依存することなく店頭露出を回復しました。「除菌」という新しいベネフィットを量販店バイヤーの期待につなげたのは、タッグを組んできた本社勤務の営業リーダーと営業部門の大きな功績です。製品の開発と製造を担った研究開発チームや物流チームの奮闘、マーケティング予算や全体のP／L（損益計算）を助けてくれた財務チームの活躍も不可欠でした。直属の上司が社内外からの多様な圧力や要求から守り続けてくれたアプローチは、のちにマーケティング担当副社長やCMO（最高マーケティング責任者）として前線のブランドチームを支援する際に大きなヒントとなりました。マネジメントがブランドチームを支援するというのは、ブランドマネジャーを押しのけて細々と指示をするのではなく、ブランドマネジャーができない領域の仕事をするということです。

さまざまなプロフェッショナルに支えられ、「除菌ができる洗剤の方がいい」という認識を確立できたことは、ブランドチームの大きな自信になりました。自分たちが提案した「いい洗剤」の新しい定義は、消費者に受け入れてもらえたのです。導入半年後には「汚れが落ちる」「適当な価格である」に続き、前年には存在すらしなかった「除菌ができる」ことが洗剤にとって重要属性として調査にあらわれました。そして、そうした変化に呼応するようにシェアも上昇していったのです。重要属性の順位が転換することで、「いい洗剤」の定義が変わり、市場が再創造されることに気づきました。以前、アタックが小型化の技術をもって「小さい洗剤がいい洗剤だ」と市場を再創造したように、アリエールは「除菌」という属性の重要度を高めて「除菌ができる洗剤がいい洗剤だ」と再創造することができました。

市場の再創造で競争優位に立つ

競合からの視点についてもお話ししておきます。競合のどなたかとお話ししたわけではないので、一方的な仮説か、あるいは単なる思い込みかもしれません。いずれにせよ、その後も何度か私たちを救ってくれた気づきがありました。

当時の洗濯洗剤市場は、3つか4つのブランドで市場の大半を占めていました。お互いがお互いを強く意識し、また手の内もかなり見えていました。私たちの「除菌」のアプローチに対して、競合からのマーケティング上の対抗策はきわめて限定的でした。例えば、アリエールの導入直前に、増量パックや大きめの値引きなどを行って家庭内の在庫を増やしてしまえば、アリエールへの消費者の反応を鈍化できたはずです。

新商品は通常、発売の半年前に流通向けの説明を行うので、競合ブランドの担当者たちはアリエールが除菌で押してくることを知っていたはずです。競合新商品の強みや弱みを事前に把握できれば、市場で対応しやすくなります。漏れ聞こえてくる情報からコンセプトを想像し、消費者の反応を事前に調査できますし、上記のような対抗策の用意も可能です。少なくとも、われわれは他社がなんらかの対抗策を講じてくるだろうと警戒していましたが、大きな反応は見られませんでした。なぜか。

そのまま消費者に聞くと、「除菌」を欲しいと答えるのは32人中1人だけです。常識的には、競合ブランドの担当者は「アリエールの除菌は消費者に支持されず失敗する」と解釈するでしょう。まともに対応策を用意する気にはならないはずです。競合企業のマネジメントも、その報告を疑うことはないでしょう。除菌の導入と同時に「いい洗剤」の定義を変えていったように、「新しい機能やベネフィットの導入と同時に、市場を再創造してニーズが創出されると、競合は事前に脅威を感じることなく、先制防御的なマーケティング活動を用意しにくい」ということに気づきました。この気づきには、いくつものブランドで大いに助けられました。

重要な製品属性を新たに提案することで市場を創造し、同時にシェアの順位が大きく変化します。競合も対抗しにくいので、競争上も有利です。ただ、必然的にマーケティング活動は複雑にならざるを得ません。でも、パーセプションフロー・モデルを使えば、そうした複雑な活動の立案も実現しやすくなります。

1-2 消費者の認識を変え新市場の創造に成功

続いて、パーセプションフロー・モデルの初期型が完成にいたる契機となった取り組みを紹介します。

幸運にも恵まれ、価格に依存しないブランドの構築に成功し、空席だったアリエールのブランドマネジャーへとそのまま昇進しました。旗艦ブランドは、マーケティングディレクターへの昇進試験として、風雪を経たマネジャーが就くことの多いポジションですから、そもそも暫定的な措置だったのかもしれません。

次のアサイメントはファブリーズ

数カ月ののち、安定軌道に入ったアリエールをあとに、柔軟剤の新ブランドを開発するプロジェクトへ異動しました。洗剤よりも売り上げ規模は小さいですが利益率は大きく、事業部への利益貢献を期待されました。いずれレノアというブランド名で柔軟剤市場の再創造を果たすことになる新ブランドで、全世界一斉導入を企図する野心的なプロジェクトでした。20年を経ても当時の同僚たちとやりとりが続いているほど、一体感の強いチームでした。さまざまな理由で何度も延期され、本番のない準備を繰り返し、グローバルの政治のうねりに翻弄され、鬱々と浮沈する2年を過ごしました。スカンクワークスの兼務を命じられるなど、一瞬の高揚がありつつも、「実戦の機会さえあれば成果は出してみせるのに」と、会社を去るメンバーもいました。自分もついに嫌気を抑えきれず、転職活動をはじめると上司に相談したところ、再び前線への異動の打診がありました。

ブランドマネジャーとして3つ目のアサイメントは、導入直後の「ファブリーズ」でした。洗剤のように分かりやすい競合相手と熾烈なシェア争いを繰り返しているわけではありません。迅速に橋頭保を確保したものの、その先の市場を攻めあぐねているように見えました。とても小さな規模のニッチブランドで、自前の工場さえもっていない傍流です。「よくこのアサイメントを受けたね」と不思議がる人もありましたが、なんであれ、再び市場に立ち、小さいとはいえ現行ブランドを扱う日が来たのです。

米国本社から剛腕マーケターが来日

そもそも、いわくつきのプロジェクトでした。米国で順調に導入されたと聞いていましたが、日本市場での事前調査は輝かしい未来を約束するものではありませんでした。柔軟剤の新ブランドを担当しているとき、導入前のファブリーズチームは隣のブースにいましたが、正直なところ、あまりワクワクするようなものには見えませんでした。

コンセプトボードによる調査でも、プロトタイプ（試作）の製品を使った調査でも、消費者の反応は残念な様子です。いまでこそファブリーズのような液体をソファやカーペットに噴霧することに抵抗感は感じませんが、当時の消費者にその感覚はありません。「だってさ、濡れるんだよ、これ。ソファが濡れたって、また怒られたよ」当時の担当者はよくこぼしていました。「それにさ、家のソファがくさいとか、カーペットがにおうとか、そんなの気にしたことあるかね？　おれはないな」「災難なプロジェクトを引いたね。次はきっと、いいのが当たるよ」としか言いようがありませんでした。自分自身も、社内外のさまざまな事情でなかなか世に出ない新柔軟剤に、キャリアを「軟禁」されている気分でした。お互いに励まし合うほど建設的な気分にはなれず、愚痴りあってはその場しのぎの憂さばらしをしていました。振り返れば、この愚痴りあいが思考実験を進める大事な機会になっていたと思います。シニカルながら洗練された知性とユニークな視点にめぐまれた戦友の話は、彼が歩いた戦場の危険箇所を示しているようで、のちに大いに助けられました。

ファブリーズ導入チームは何度か編成を変え、コンセプトを改良しつつ努力を続けましたが、なかなか会社が設定した導入基準を超えられません。そのうちマネジメントはしびれを切らし、方針を変更します。消費者調査による意思決定ではなく、米国市場での成功を理由に導入を決定し、本社から導入担当者を招きました。彼女は米国市場でファブリーズを担当していた実戦経験者です。強力なリーダーシップを発揮してスケジュールをねじ伏せ、反対意見を巻き込み、見事に導入を成し遂げました。剛腕でしたが、愛嬌のある人柄でチームメンバーからの信頼と親愛を得ていました。

定量調査による再現性の限界

顛末を横で眺めつつ、重要なラーニング（学び）を得るいい機会となりました。大規模なマーケティング活動や工場への投資の前に、消費者調査にもとづく売り上げや利益の予測をするのは失敗を回避する重要な手続きです。ただ、通常の量的な消費者調査では測りにくい市場というのがあり、万能ではないようです。「だから消費者調査をしなくてもいい」ということではまったくありませんが、あれほど惨憺たる売上予測しか出せなかったファブリーズが導入直後にかなり売れたのです。調査設計が悪かったのでも、いちじるしく運がよかったのでもありません。量的調査の、再現性の限界を示しているようです。

３００人ほどの量的調査では、３％程度の消費者はよほど熱狂的な支持者でも「誤差」と認識されます。そうした誤差は、調査レポートに言及されないことさえあるでしょう。でも、もし３％の「絶対買う」と答えた消費者が本当に買ってくれると、現実世界ではそこそこの売り上げになるのです。国内を５０００万世帯とし、その３％が３カ月ごとに４００円の商品を消費してくれれば年間24億円の売り上げです。全世帯対象の量的調査による売上予測では、20億円、ひょっとすると50億円程度のニーズは拾いきれないことがあるようです。これは当時の私には意外なことでした。いずれ大きな市場に発展する可能性があっても、導入期には計測できないほど小さなニッチかもしれないのです。ファブリーズ導入の強行は、結果的に幸いしました。ルールを破ることを推奨するものではないものの、正しさを確信したリーダーの強力な推進力が、イノベーションを実現することがあるのは事実です。大事なことに、今回の「正しさの確信」の源は単なる個人的な思い込みや不安定な閃きではなく、先行する米国市場での成功実績でした。少なくとも帰納的に、つまり「米国でうまくいったのだから、日本でもうまくいくかもしれない」という論法で十分な確信を得ていました。こうした先行市場の知見があるのは、グローバル企業の強みです。

同時に、回避できる財務リスクはうまく管理されました。自社工場を建てず、製造をＯＥＭに委託したのはその一端です。また、全国導入の前に実施した８％程度の地域でのテストマーケット（試験導入）も同じ理由でした。

「なにをしている。もっと売れるはずだ」

２０００年前後はマーケティング手法のデジタルシフトがはじまる前で、ブランドのコミュニケーションはテレビ広告が中心です。１９９８年9月に開始したテストマーケットでは、米国にならってクルマやペットなどを題材に「布のニオイを取る」機能を伝える30秒ＣＭが数本用意されました。十分なメディア量と店頭露出によって、３カ月で3％程度のユーザーに浸透し、売り上げは目標を超えていきました。認知や試用にいささかの問題はありつつも、マネジメントが追加投資を決定する理由と勇気を与えるには十分な成果です。チームは半年後の１９９９年4月に全国拡売を果たし、その年の初夏、導入担当の米国人ブランドマネジャーは惜しまれつつシンシナティに凱旋し、柔軟剤プロジエクトで鬱々悶々としていた私が異動してファブリーズの手綱を引き継ぎました。

　そして、その年の夏休みから帰ってくるや否や、マネジメントから呼び出されました。「なにをしている。もっと売れるはずだ」。4月の導入から3カ月、全国でもテストマーケット同様、迅速に3%の世帯に浸透しました。つまり単純計算で５０００万世帯×3%×４００円＝6億円相当の売り上げです。最初の3カ月で6億円であれば、1年間では4倍の24億円ほどになるでしょう。さらに認知の拡大などを加味すれば、再購入なしでも30億円が見えてきます。もし再購入率が50%程度あり、ユーザーが年内にあと2回購入するなら60〜70億円も射程圏内です。年間24億円が現実であるためには、7月〜9月期にも4月〜6月期と同様に6億円売れるべきですが、いささか遅れが生じていました。

　なにが起きているのか。「長らくニオイに悩まされてきた3%の世帯が、ファブリーズの告知3カ月以内に素早く反応し、購入した」と仮定すると、憂鬱な推論がたちます。すなわち、「この3%は3カ月という経過時間に依存しているのではなく、ニーズを感じていた世帯の総数であるかもしれない。であるなら、半年たっても1年たっても、なにも手を打たなければ、3%はそのまま微動だにしない」。3カ月で3%なら12カ月で12%になるだろう、と浸透率を経過時間の従属変数と期待しがちですが、そうではないかもしれません。米国市場とテストマーケットの2度の緒戦で好成績が出ていれば、楽天的な観測にも無理はありません。よほど懐疑的な性格でもない限り、普通はそう考えます。それに、試用率や再購入率はよく見誤るものですし、楽観的な推計がいつの間にか過大な幻想へと広がるのは、めずらしいことではありません。

　いささかの不安と無理難題を感じつつも、新しく赴任したブランドマネジャーとしてはかっこよく期待に応えたいものです。急いでテストマーケットの実績や、全国展開後の状況について理解を進め、いくつか重要な事実が分かってきました。

ユーザー拡大のためにはベネフィット開発が必要

テストマーケットの6カ月間の売り上げは予測を10％ほど上回っていたものの、認知率も試用率も再購入率も予測より少なめです。つまり「ユーザー1人あたりの消費金額（量）」が想定よりもかなり大きいということです。強いニーズをもつ少数の人たちに熱烈に支持されている様子が想像できます。ニーズが強ければ広告に反応しやすく、すぐに購入意向を確立でき、試用時には製品性能の高さにも気づけます。継続的にニオイの問題が発生しているなら、再購入にもつながります。実際、そうしたニオイの問題を解決したいヘビーユーザーがいました。例えば大型犬を屋内で飼っていたり、家庭内に喫煙者がいたりする世帯です。ただ、このような生活スタイルによるニオイの問題は増やせるものではありません。ヘビーユーザーの拡大は簡単ではなさそうです。

また、こうしたヘビーユーザー以外の再購入率の低さは、製品性能の高さが理由でした。ファブリーズは、長い時間をかけてニオってきたカーペットやソファを素早く解決します。次にソファがニオイはじめるまで、使われないのです。

これらの分析から、認知や試用が想定より低い原因は、広告の質や投下量といった手段の問題ではなく、ファブリーズに対する根本的な興味の低さだと結論づけました。興味をもてないので、認知し、試用する必然性も強くありません。事前の調査からも、消臭関連の1人あたり消費金額は米国より40%ほど低いことは分かっていました。導入前の需要調査では、何度も基準値を下回り、結局クリアはしていません。予想を上回るテストマーケットの結果がニーズの根本的な弱さを忘れさせていただけで、本質的な問題はずっとそこにあったのです。

19世紀の戦略家カール・フォン・クラウゼヴィッツが、戦場で情報が不足し、全体を見通せないことを「戦場の霧」と表現しました。マーケティングにおいても「市場の霧」は頻繁に立ちこめます。予想より悪い結果は冷たい霧となり、ときにパニックを呼びますが、予想を上回る結果も、生暖かい霧となってマーケターを包み込み、安心させ、冷静な判断を妨げます。それに、売れているときというのも忙しいものです。品切れを防いで店頭露出を維持し、競合の動きに目を凝らしつつ半年後に続く施策を用意し、さらなる売り上げ拡大に備えて生産能力を調整するなど、やることはたくさんあります。成功の濃霧に視界をさえぎられ近視眼的になることは、めずらしいものではありません。

そうした霧の中からでも「持続的な成長のためにはユーザー数が根本的に足りない」という事実は見えてきました。広告の表現や投下量の改善では、会社の期待に応えられないでしょう。製品を変える時間も予定もないなら、「洗いにくい布製品のニオイをとる」という製品機能は変えず、より多くの消費者が興味と必要を感じるベネフィットが必要です。小手先の施策ではなく、本質的なベネフィット強化が課題だと解釈できたのは、有限のマーケティング資源をムダ使いしないために、非常に重要な一歩でした。

ベネフィット開発と同時に、持続的なユーザーになり得るターゲット消費者も明示する必要があります。マス向けブランドとはいえ、全国の老若男女、全世帯を対象とする、ということは稀です。提案するベネフィットに対して、強く共感する消費者を理解しなくてはなりません。

現在のファブリーズの課題とは?

はじめに現状の課題の分析に着手しました。まずは店頭です。配荷率という指標は、ブランドを取り扱っている店舗の割合を示します。その配荷率は目標を超えていましたが「売っていない」と答える消費者もたくさんいました。こうした乖離や矛盾はチャンスを示していることがあります。配荷率はPOSデータなどによる実売実測値で、「売っていない」は消費者の認識を聞いたアンケート結果です。つまり、実際に店頭にはあるけれど、消費者に見つけにくいのでしょう。当時のファブリーズは、洗濯関連の売り場に置かれていました。P&Gの営業担当者は消臭剤の売り場を管理するバイヤーとは面識がないものの、洗濯関連の売り場を管理するバイヤーとは顔なじみだったからです。洗濯関連の売り場にあることを消費者に知ってもらえれば、配荷率を拡大したのと同じ効果が期待できそうです。

多くのカテゴリーで重要な、価格についても分析しました。ファブリーズの価格弾力性(価格の変動による需要の変化の度合い)はとても低く、値引きでは売り上げが大きく伸びないことを確認しました。現時点で、価格を下げる必要はなさそうです。そもそもベネフィットへの関心が薄いので、当然かもしれません。

製品については、事前に分かっていたことですが「布が濡れる」点が不評でした。消臭成分の繊維への浸透は水が媒介するので、濡らさないのは技術的に困難です。製品改良が難しい場合には、消費者の期待を下げるか、不満足の状況を回避するという方法があります。例えばクルマを降りるときにスプレーしておけば、翌朝には車内は爽やかで、濡れることはありません。コートは帰宅時に、カーペットやソファにはお出かけやおやすみ前に使えば、湿っていることは気になりません。濡れることを理解してもらった上で、乾くのに時間がかかっても気にならない使い方を促すことで解決できそうです。

ブランドのマネジメントを考えるとき、真っ先に気にすべきことは消費者とベネフィットです。根源的な課題として、「洗いにくい布製品のニオイを取ることで、期待できるベネフィット」の開発が不可欠です。同時に、そうしたベネフィットを必要とする消費者の選定も必要です。

消費者にベネフィットを提供する手段は、マーケティングの4Pにまとめられます。Product（製品）、Price（価格）、Place（店頭、流通経路）、Promotion（広告・施策）のそれぞれの頭文字を束ねて4Pとするフレームワークが知られています。「4P戦略」などと呼ばれることもありますが、戦略というよりマーケティング活動の領域を示します。MECE（モレなく、ダブリなく）なので、今回のように状況の整理や分析にも便利です。Placeについては洗濯関連の売り場にあることを知ってもらう必要がありつつ、配荷率自体には問題なさそうです。Priceの活動は不要で、Productは時間もないので変更せず、濡れる前提で乾くのに時間がかかってもいい使い方を促す必要があることが明らかになりました。

Promotionの施策や広告は、ターゲット消費者やベネフィットが明確になってから考えます。緊急事態とはいえ「とりあえず売り上げを高める」ことに集中すると、短絡的な活動に終始しがちです。目新しい施策で興味を喚起し、衝動買いで売り上げを高めることは可能でも、一時的な購入では効果も効率も限定的です。ベネフィットにもとづくブランド体験を通して、ブランドに愛着をもってもらうことが持続的な成長には不可欠です。

斬新な視点が得られる魔法の質問

戦略を立てる際に、目的の再解釈という重要な概念があります。売り上げ金額は、一回限りの衝動買いも、継続購入も同じ「400円」となり、マーケティング活動の目的としては使いにくいことがあります。そこで、金額の単位「円」を、「新規ユーザーの人数」の単位「人」や、「既存ユーザーが使用する回数」の単位「回」などに変えることで、消費者を単位とした目的が見えてきます。

今回、「とりあえず達成すべき売り上げ」は今期の24億円ですが、会社の本当の期待は持続的に成長できるブランドの確立です。それは、なにを意味しているのでしょう。ぼんやりした考えを明確化したいときなどに、Thought starter questionという方法を使うことがあります。Thought（考え）をstart（はじめる）させるquestion（質問）をすることで、通常とは異なる考え方をするよう脳を刺激します。ファブリーズチームには、次の質問を投げかけました。「いまは3年後です。日本の70％の世帯がファブリーズを毎月1本消費しています。さて、なにが起きていますか？」。未来の消費者の行動を通して、ブランドが確立された様子を描写してみたのです。

数%の世帯浸透率しかないブランドが、当時の柔軟剤と同程度の70%の世帯に浸透し、毎月1本使われる未来を想像するのは、おこがましい話です。同時に、こうした極端な質問は現状の延長線上にはない未来を考えさせます。この質問に、研究開発部門などを含む多機能ブランドチームで答えてみました。

「多くの世帯が毎月買う」のなら、ルーチンで使われているだろうと推測できます。日常生活では洗濯や掃除がルーチンです。汚れたから洗うのではなく、着たから洗う。散らかったから掃除をするのではなく、定期的に掃除をする。そこで、年に一度の大掃除で使うスプレー式の住居用洗剤ではなく、毎日毎週の掃除で使う掃除機や使い捨てフローリングワイパーの仲間になればよさそうだ、という結論になりました。

問題解決型のブランドは誘引が強いですが、問題の発生頻度によっては再購入が低く抑えられてしまいます。ファブリーズの再購入率の低さは、ソファなどが再びニオイはじめるまでに時間がかかることが理由でした。長期的な成長には、ルーチン型が有利だと考えられます。

ベネフィットと機能は混同しがちですが、ベネフィットの記述は主語が消費者で、機能の記述は主語がブランドです。「ファブリーズがどういったものか」を指すのが機能で、それを使うと「あなたはどのようないいことを経験するのか」を表すのがベネフィットです。ベネフィットの訴求は、機能の訴求よりも自分ごと化しやすく、高い関与度につながります。（詳細はコラム#3「ベネフィットと機能」を参照）

当時のファブリーズがルーチン使用につながるベネフィットではなく「布のニオイを取る」という製品機能を中心に訴求していたことと、ユーザーの多くが頻繁に発生するニオイに困っている人たちだったこととは無関係ではありません。そして、この延長線上には、70％の世帯浸透率は成立しません。もし、3年後に70％の世帯がルーチンで使うのなら、それらの世帯が経験している「いいこと」とはなんでしょう。これがファブリーズブランドが訴求すべきベネフィットです。

ルーチン使用を意識しつつ、実際に使ってみて分かったことがあります。室内の洗いにくい布製品のニオイを取ると、部屋がニオイにくく「快適に過ごせる」のです。それは次のように説明できます。まず室内飼いの犬や調理などを原因に部屋がニオいます。空気中に漂うニオイの成分はソファやカーテンなどの布製品の繊維に染み込みます。窓を開け換気をすると空気中のニオイは解決でき、置き型の消臭剤などを使うことで気にならなくなりますが、布の中に入り込んだニオイは残ります。そうしたニオイが再び空気中に放出されると、閉め切った部屋は再びニオいはじめます。

空気中のニオイが布製品に入り、それが再び空気中に放出されて「循環」している様子を、「ニオイの循環」と名づけました。部屋のニオイの根本解決には、布の中に潜むニオイの元を解決する必要があります。窓を開け放てば部屋のニオイを瞬時に解決できますが、これは対症療法で、しばらくするとまたニオってきます。消臭剤や別の香りを使うのも同様です。似たレベルの労力なら、対症療法よりも根本解決が好まれることが多いものです。

多くの消費者は、夏休みや年末年始に家を空け、帰宅したときにちょっとニオうという経験をしていました。誰もいなくて、ゴミも捨ててあるのにニオう。知人宅を訪問したときに玄関先でそれぞれの家に固有のニオイを経験したことがある、という話もよく聞きました。不快ではないものの、自分の家はニオわない方がいい、とも思っていました。自分のニオイというのは自分では気づきにくいものだ、という声もありました。家以外では、クルマに乗り込んだ瞬間に車内がニオう、という経験もよく聞かれます。クルマは金属でできているけれど、車内はほとんど布製です。車内がニオうのは、内張の布やシートなどの布に染み込んだニオイが原因だろう、と理解しやすいようです。

「ニオイの循環」の考え方にもとづき、「部屋がニオわず快適」というベネフィットを訴求すれば、「対症療法ではなく根本解決だ」という点を競争優位に、置き型の消臭剤と競合できそうです。市場規模は、柔軟剤と同等くらいの大きさでした。けっして小さなものではなく、拡大の余地もありそうです。

そこで、消臭剤ユーザーに「ニオイの循環」の考え方を聞いてみると、ファブリーズに対する興味と、力強い購入意向が確認できました。それまでは見られなかったことです。マーケティング活動を通して、「室内の洗いにくい布が、部屋のニオイの原因だ」という認識を持ってもらうことができれば、ファブリーズは想起集合、つまり選択肢に入れます。勝機が見えました。

布のニオイが部屋のニオイの原因である

今期の売り上げ達成を直近の任務としつつ、持続的な成長のためにはルーチン使用のベネフィットによるブランドの構築を目指します。まずは、「ターゲット消費者が、室内の布製品が部屋のニオイの原因で、ファブリーズで解決できると知っている」という状況をつくります。利益の目標額と残された月数、現時点の1人あたりの消費金額から、新たに必要な消費者数は概算できます。加えて、投入できる資源を明示すれば、ブランド戦略を策定できます。こうした目的と資源の再解釈を経て、次のような戦略が設定されました。（戦略の概念については、コラム＃1を参照）

戦略：
「売り上げの達成に必要なユーザー数を確保するために、『布のニオイが部屋のニオイの原因である』という認識（ニオイの循環）を確立し、快適な室内空間を維持するためのファブリーズのルーチン使用を促す」

（※：実際の戦略は、ユーザー数や認識の％なども数値で記述している）

戦略に示されるように「ニオイの循環」が、競争優位をもたらす重要資源です。また、4Pの中では①時間がないので、製品は変更しない、②マーケティング予算が逼迫しているので、確立したタグライン（布にシュシュっとファブリーズ）を継続する、と追記されました。競合先が置き型の消臭剤であることから、ロイヤルティが低めの置き型ユーザーをターゲット消費者に設定しました。予想されるユーザー数と必要なマーケティング予算をROI（投資収益率）とともに示して、マネジメントの承認が得られました。（「市場／競合」と「ターゲット消費者」については、コラム＃6の「ブランドホロタイプ・モデル」を参照）

アリエールの場合は「いい洗剤」を新しく提案することで市場が再創造されました。今回も同様に

「いい消臭剤」を新しく提案するのも一案ですが、そのためにはファブリーズを置き型と同じ「消臭剤」と位置づける必要があります。

活動の確実性を高めるには、不確実な要素を抑えるのが有効です。そして、もっとも不確実なのが競合の活動です。消費者や流通企業とはウィンウィンの関係もありますが、競合ブランドが相手では、ウィンウィンの関係は市場拡大の協働など例外的な状況に限られます。企業としてのP＆Gは大きくても、消臭剤市場では脆弱な新参者です。確立されたブランド群に、非対称な競合を仕掛けても、総資源量で圧倒されかねません。さいわい、目立たなく活動できるのは小さなブランドの特権です。見つからなければ、どうということはありません。現在の洗剤売り場から消臭剤売り場に進出することは、競合に気づかれるだけでなく、営業の負荷を増やすことにもなり、確実性はさらに下がるでしょう。「いい消臭剤」の提案は却下です。

そこで、「いい消臭剤」のような製品の定義ではなく「快適な部屋」のように製品が作用する対象について提案することにしました。例えば洗剤の場合であれば「いい洗剤」ではなく、「きれいに洗濯された服」についての提案です。洗いあがったシャツがちょっと香るとか、シワがつきにくいなどが考えられます。前者は柔軟剤と競合し、後者はシャツの新素材と競合します。あるいは「楽しいお洗濯」など、洗濯活動自体の提案もできるかもしれません。洗濯中にいい香りがしたら楽しそうです。洗濯する部屋を明るく演出するさまざまなモノやサービスと競合・協働できます。もっと実用的になるなら、すすぎが早いなど、「時短のお洗濯」も考えられます。こちらは、家事時短のための広範な製品やサービスと競合・協働できるでしょう。

企図した通り、しばらくは置き型消臭剤ブランド群に気づかれていなかったようです。マーケターが典型的にもつ3つの窓のいずれからも、ファブリーズの機動は見えにくかったからでしょう。3つの窓とは「シェアデータ」「店頭の売り場」そして「消費者の声」です。

社内外に「直接競合のいない新しい商品だ」と言い続けていたこともあり、当時の「消臭剤市場」のPOSシェアデータにファブリーズは掲載されておらず、調査会社にも登録を依頼しませんでした。これで、競合ブランドはシェアデータからは見えません。

また、消臭剤ブランドの担当者が店頭視察に出ても、同じ売り場にないファブリーズを競合とは認識しづらいでしょう。たとえ、競合の腕利きマーケターが見抜いたとしても、同じ売り場にないファブリーズを競合ととらえるよう、全社に説明し納得させるのは至難の業です。店頭からも、ファブリーズは見えません。

そして、「ファブリーズを使うようになって消臭剤をやめた」と答える消費者はとても少なかったはずです。この変化は消費者行動として観察されていましたが、自分で説明できる消費者に出会うことはありませんでした。例えば新しいビルが建つと気づきますが、それ以前の建物は忘れがちです。上書きされると思い出せないのは、自身の行動でも同じなのかもしれません。それに、洗剤も消臭剤も、日々の生活や人生でさほど重要ではなく、すぐに忘れてしまいます。私たちのブランドや製品カテゴリーについて、ブランド担当者と同じように気にしている人は、正面の競合ブランドチームくらいのものです。消費者は、それほど興味を持っていないことを私たちは忘れるべきではありません。

知覚刺激がパーセプションに変化をもたらす

広告や、ブランドの使用体験などを知覚するたびに、消費者のパーセプションは反応し、変化していきます。そのブランドに「大して興味をもっていない」と思っていても、広告を見てベネフィットに魅力を感じられれば「あ、使ってみたいかも」という認識が生まれ、行動を起こします。五感で知覚される外的な刺激（見る、聞く、嗅ぐ、味わう、触る）や、過去の記憶などの内的な刺激を受けて、パーセプションが変わることを、私たちは日常的に経験しています。北極の氷が溶けてシロクマが困っている様子をニュースで知り「温暖化はよくない」と考え「CO_2を減らすために自動車ではなく自転車に乗ろう」とするなら、ニュースという知覚刺激がパーセプションを変化させ、新しい行動を促しています。

このようにパーセプションの変化をもたらす「シロクマの窮状を説明するニュース番組」や「ベネフィットを魅力的に語る広告」を「知覚刺激」と呼びます。消費者に知覚され、メッセージが解釈されてパーセプションの変化につながる活動は、すべて知覚刺激です。前述のマーケティングの４Ｐは、ほとんど知覚刺激です。例えば製品であれば、ベネフィットに直結する製品機能だけでなく、色や香り、粘度や1回あたりの使用量、パッケージの印象や使い心地なども知覚刺激です。

実際にファブリーズのマーケティング計画を立案するときには、すべての活動を知覚刺激と考えて、それぞれに固有の役割を与え、「パーセプションの変化への貢献度合い」で評価していきました。

今回のプロジェクトの要諦は「布がニオって部屋がニオう」つまり「ニオイの循環」の理解度です。このメッセージはファブリーズと直結している必要はなく、一般的な啓蒙活動として戦略PRなどの広報活動が有効です。風邪対策でうがいや手洗いを気にするように、部屋のニオイ対策で人々がソファやカーペットのニオイを気にしてくれるようになれば成功です。同時に、「布製品のニオイにはファブリーズが効果的」なことは広告で直接伝えます。

パーセプションフロー・モデルの設計で重視したのは、広報活動から広告、パッケージ、製品、店頭、試用策、再購入策、口コミ策などが接ぎ目なくスムーズに連携する、マーケティング活動の全体最適です。多様な活動が連携することで、効果と効率が上がるのは、オーケストラの演奏や、チームスポーツと同様です。エンジンと車体と操作系がバランスよくチューニングされたオートバイや自動車もそうです。こうした好バランスの全体最適自体が競争優位を形成することもあります。部分的な施策・活動の最適化は上手でも、全体をうまく連携させられるブランドチームは決して多くないからです。

では、ファブリーズの16段階のパーセプションの変化と知覚刺激から、実際のマーケティング計画の全体設計を俯瞰してみましょう。本書で解説する標準型は8段階ですが、当時は未整理な部分も多く含まれていました。

図表1－1をご覧ください。(a.)の消費者パーセプションに対して①のマーケティング活動が知覚刺激として作用すると、(b.)のパーセプションへと変化します。そこに②の知覚刺激が作用すると(c.)のパーセプションが生まれます。知覚刺激の後ろのカッコ内に、メディアを示しています。

図表 1-1　知覚刺激とパーセプションの変化

パーセプション	知覚刺激
a. よその家に行くと、そのお宅のニオイを感じることがある。自分の家でもしているかしら。置き型の消臭剤を置いてあるから大丈夫かな。	
↓	①「旅行から帰ったとき、玄関がちょっとニオったことはありませんか?」(戦略PR、テレビ広告)
b. そういえば、夏の旅行から帰ってきたときに感じたわね。うちもニオってるかな。なにかしたほうがいいかしら。	
↓	②「空気に広がったニオイは、室内の布製品の繊維に入りこみ、少しずつ空気中に出てくるので、しばらく留守にしている間に部屋がニオいます。部屋のニオイは、布のニオイが原因です」(戦略PR、テレビ広告)
c. 布だったの!?空気のニオイを取るだけでは一時的な解決にしかならないわね。	
↓	③「布のニオイを取れば、ニオイが戻ってきません。フレグランスなどで香りを楽しむときも邪魔されません」(戦略PR、テレビ広告)
d. 室内の布のニオイをちゃんとしておけば、安心ね。家をちゃんとしているのは、私にとって大事なことだし。でもどうすればいいかしら。	
↓	④「ファブリーズなら室内の洗いにくい布製品のニオイを取り除きます」(テレビ広告)
e. ふーん、ファブリーズは布のニオイを取るのね。でも生地やペットは大丈夫かしら。	
↓	⑤「ファブリーズの主成分はトウモロコシ由来で、布にも肌にもペットにも安心。スーツなどいろいろなモノに使えます」(テレビ広告)
f. 生地も痛まず、家族やペットの肌にも安心らしい。夫のスーツにも使えるようだから、もしソファやカーペットに使いにくくても、無駄な買い物にはならなそう。	
↓	⑥「洗濯関連商品の売り場にあります」(テレビ広告)、十分な店頭配荷と露出(店頭活動)
g. いつもお買い物に行くお店で見つけた。	
↓	⑦「布にシュシュっとファブリーズ。布がニオって部屋がニオう」(店頭POPなど)
h. そうそう、ファブリーズ。試しに買ってみようかな。	

⑧ 試用の動機づけ（店頭のイベント）

i. あ、なにかキャンペーンしている？ いま買おうかな。

⑨ 使いやすいトリガー、安定した噴霧量（スプレートリガー）、使い方の注意（パッケージ）

j. どんな感じかしら。クッションくらいで試してみよう。片面だけ使って、さて違いが出るかどうか。うわ、けっこうな勢いで出るのね。

⑩ 製品が機能していることが実感できる試用時のブランド体験（製品性能）

k. あら、ちょっと効いているみたい。クッションの表と裏ではニオイが違うわね。

⑪ 濡れることの注意と使用方法のヒント（パッケージ、テレビ広告）

l. 確かにちょっと濡れるわね。買い物に行く前に掃除するから、そのときに使うのがいいかしら。帰ってきたときにいつも快適なのは気分がいいわね。

⑫ 清々しさが実感できる継続使用時のブランド体験（製品性能、リビングなど室内空間に置きやすいボトル形状）

m.毎日使っていると、ファブリーズを使わないとすっきりしない気がする。歯磨きみたいなものかしら。

⑬ なくなってくると、噴霧しにくくなったり軽くなったりなどの体感（スプレーの性能など）

n. そろそろなくなりそうなので、詰め替えを買っておきましょう。

⑭ 部屋・家族別に複数本を使用する示唆（テレビ広告、店頭POP）

o. 息子の部屋は明らかにニオイが違うわね。学校の制服やら、ベッドやら、あちこちからニオう。彼の部屋にも置いておこうかしら。

⑮ 会話に「室内のニオイ」が出てくることを促す（プロモーション施策）

p. もし、同じ悩みをもっている友達や親戚がいたら、ファブリーズの体験を話してあげようかな。

パーセプションフロー・モデルの完成

こうしてパーセプションの変化と、それらをもたらす知覚刺激、それぞれの知覚刺激を提供するメディアや手段を明示して、パーセプションフロー・モデルが完成しました。戦略で規定された「ニオイの循環」にもとづき、ファブリーズを試用し、満足を感じてロイヤルユーザーになり習慣的に使用する過程と全体像が設計されています。市場創造とブランド構築を同時に行うため、4P全域の活動が連携できます。

当時は〈行動〉欄はまだありませんが、実践では十分に機能し、ファブリーズを成功に導きました。のちに、より多様な運用に適応し多くの人が使いやすいよう、〈行動〉や〈KPI〉の項目が追加され必要な段数も整理されて、バージョンアップしていきます。

全体の中での個々のマーケティング活動の役割が明確になるので、全体最適を維持しつつ個々の最適化も進められ、活動の修正や強化も迅速にできました。時間とともに、経験から知識がひろがり、小さな勝利が大きな成功を生み、半年後にはファブリーズの売り上げが期待されたレベルに達しました。全関係部門がうまく力をあわせる基盤となり、ブランドに持続的な好調をもたらす原動力となりました。成否の要であった「ニオイの循環」の認知は、活動開始から半年後には60％程度まで上昇しましたが、当時の広告量は5000GRPを超えることはなく、高い効率を維持できたと思います。

こうしてファブリーズブランドのマーケティング手法は、日本市場で確立されました。日本のマーケティング手法が他の国や地域に展開されるのは珍しいことでしたが、「ニオイの循環」はグローバルに展開されていきました。布のニオイが取れるという機能に立脚しつつ、「部屋（空間）のニオイが取れるので快適」というベネフィットを訴求したことで、置き型やクルマ用などライン拡張の道も開かれました。数年のうちに、ファブリーズは全世界で１０００億円の売り上げを誇るメガブランドへと成長していったのです。

Overview

2章

パーセプションフロー・モデルの概要

パーセプションフロー・モデルは未来の消費者を、カスタマージャーニー・マップは現在の消費者を描く。

市場創造を企図し、ブランドの差別化を実現する全体設計のためには、パーセプションフロー・モデルが有効です。カテゴリーに典型的な既存の消費者行動に即して、効率化を進めるにはカスタマージャーニー・マップが便利です。

2-1 なぜ、パーセプションの変化に着目するのか

マーケティング活動の全体設計図

パーセプションフロー・モデルは、消費者のパーセプションを中心とした、マーケティング活動の全体設計図です（図表2－1参照）。4Pすべてを含む、マーケティング活動の全領域を把握できます。楽譜では音楽が左上から右下に流れ、地図では上下左右が北南西東に対応するように、抽象化された全体図には、図の縦横に意味があります。パーセプションフロー・モデルでは、消費者のパーセプションが上から下に向かって変化します。経過する時間の早さは一定ではなく、一瞬で半分まで進むこともあれば、ひとマス進むのに3週間かかることもあります。左右には、消費者の行動変化、パーセプションの変化を促す知覚刺激、それぞれの知覚刺激をもたらすメディアやKPIが配置されます。

1枚のパーセプションフロー・モデルで一連のマーケティング活動を管理するので、期間は実行サイクルと同調していると使いやすいでしょう。年間計画なら1年を単位に、四半期のプランニングなら四半期を単位とします。変化が穏やかな市場では、2～3年にわたって同じものを使うこともあり

ます。事例で紹介したファブリーズの導入期には、1年以上使いました。ゼロサムゲームを繰り返す成熟した洗剤市場のアリエールでは、半年で更新しています。新商品が頻繁に導入される化粧品や飲料、期間限定のイベントなどではもっと短くなることもあるでしょう。反対に、持続的な浸透を促す公共サービスなどでは、もっと長いスパンで運用することもあります。また、購入サイクルが5年であっても、まるまる5年間を描く必要はありません。「購入を意識しはじめるタイミング」から購入後に満足を感じて、「使用が習慣化する」までの期間がひとつの目安です。一連の活動は、期間内の消費者のパーセプションの変化と連動しているので、通常半年から1年程度であることが多いと思います。

パーセプションフロー・モデルの枠組みは、実践のフィードバックを通して随時、進化しています。本書の執筆にあたり、関係各所に蓄積された知見を統合し、見直しました。すでに運用されている方々にとっては、現在お使いのものと異なる要素があるかもしれません。運用環境や技術革新などへの適合によって、今後も進化が続くと思います。

目的：
エリア：
ターゲット人口：
ラーニング目的：

知覚刺激	KPI	メディア／媒体			
		paid	owned	earned	その他
①	i.				
②	ii.				
③	iii.				
④	iv.				
⑤	v.				
⑥	vi.				
⑦	vii.				

→ ①②③④⑤⑥⑦ へ

図表 2-1　パーセプションフロー・モデル（ver. 4.8.7s）

ブランド名
（ID/ver.）：

キャンペーン名
（期間）：

戦略：

状態	行動	パーセプション
現状	1.	a.
認知	2.	b.
興味	3.	c.
購入	4.	d.
試用	5.	e.
満足	6.	f.
再購入	7.	g.
発信	8.	h.

※テンプレート（PowerPoint版）がダウンロードできます。詳しくは297ページをご確認ください。

古典的な消費者行動モデルとの違い

まず、中核となる消費者のパーセプションの変化について、考え方の基本を概括します。消費者の購買行動を説明する典型的な階層モデルにはＡＩＤＡ（Attention - Interest - Desire - Action）や、ＡＩＤＭＡ（Attention - Interest - Desire - Memory - Action）、さらに検索やＳＮＳなど生活のデジタル化を反映させたものなど複数のバリエーションがあります。いずれも説明しやすく汎用性も高いので、使われている方も多いでしょう。

パーセプションフロー・モデルでは「消費者は購入する前に認知し、興味をもつ」という伝統的な考え方を踏まえつつ、前後に重要な項目を追加して、【現状】→【認知】→【興味】→【購入】→【試用】→【満足】→【再購入】→【発信】の８つの段階を標準型としています。店頭で購入し、継続的な使用を前提とする消費財などでは、そのまま適用可能ですが、事業領域やビジネスモデルに応じて、多様なバリエーションが存在します。

例えば、事前の視察が不可欠な児童向けの学習教室や、オートバイのように店頭での試乗が重要なカテゴリーでは、【購入】が【訪店】で、【再購入】が【契約】となることがあります。Ｄ２Ｃ（Direct to Consumer）など通信販売では、【購入】はお試しの【初回購入】で、【再購入】を【定期購入】や【サブスクリプション】とすることもあります。アプリでは、【購入】を【ダウンロード】、【再購入】を【課金】と設定した例がありました。また、使用体験で気分が高揚し、すぐに写真を撮って投稿したくなるようなブランドでは、口コミの【発信】が【満足】の直後に配置される例もあります。次回の購入が数年以上も先になる自動車や楽器、電気製品などの耐久財では、最初の【購入】に続くのは【再購入】よりも【使用習慣の確立】が適当なこともあるでしょう。

パーセプションフロー・モデルの標準型の8段階を、伝統的な階層モデルと比べたときには、次の3点が大きく異なります。

図表 2-2　8段階の消費者行動モデル

現状
↓
認知
↓
興味
↓
購入
↓
試用
↓
満足
↓
再購入
↓
発信

図表 2-3　パーセプションと行動が変化する仕組み

ブランド定義（ブランドホロタイプ・モデル）

↓

ブランド戦略の開発

↓

パーセプションフロー・モデルの構築

↓

マーケティング活動の立案・実行

↓

消費者のパーセプションの変化

↓

消費者の行動の変化

マーケティング活動によって消費者のパーセプションが変化し、それによって行動が変化する。

①「注目(Attention)」からはじまらず、「関心(Interest)」からはじまる

多くの階層モデルがAttentionつまり注目する、という段階からはじまりますが、パーセプションフロー・モデルでは【現状】からはじまります。【現状】は現在の〈行動〉と〈パーセプション〉を示し、「なにを解決するために、どのように行動しているか」を記述します。【現状】は、パーセプションと行動変化の出発点でありつつ、「解決すべき問題（＝不満足）」やその「解決方法（＝課題）」、つまり消費者のInterest（関心）を示唆している点が重要です。パーセプションフロー・モデルは、Attention（注目）ではなくInterest（関心）からはじまるといえます。

　ブランドのコミュニケーションがうまく成立しているときには、「消費者はメッセージ

にAttention（注目）する前に、なんらかのInterest（関心）を感じている」と実感されているマーケターは少なくないでしょう。消費者として自分自身を振り返れば、Interest（関心）のないものに対してAttention（注目）することは、ほとんどないことに気づきます。伝統的に成立してきたAttention（注目）→Interest（関心）という経路よりも、Interest（関心）にもとづいたAttention（注目）という考え方が現実に即しているように思われます。これは、急速な情報氾濫によって、世の中にある情報の多くを処理できなくなったこと、顕在化したニーズがあまり存在しなくなったこと、などが理由かもしれません。目にする情報量が多すぎて、関心がないことに注目する余裕はなくなりました。そこで、【現状】の理解を通してInterest（関心）の所在を把握するところからはじめます。

②【購入】で終わらず、【再購入】を目指す

最初の購入で利益を確保できるブランドもありますが、多くの消費財ブランドなどでは利益のほとんどは継続的な利用に依存します。たとえ初回から利益を確保できる場合でも、ブランドの持続的な成長には、愛着をもって【再購入】し続けてくれるロイヤルユーザーは不可欠です。そこで、一度目の【購入】は目的地点というより、【再購入】にいたる重要な経由地点ととらえるべきだと考えます。

近年では、最初の購入で利益を確保できるビジネスでも【再購入】に通じるパーセプションを重視する必要がでてきました。例えば観光地のレストランなどは、以前は継続的な【再購入】をあまり重視しないビジネスモデルだったかもしれません。今月の顧客が再訪するのは何年先か分からず、むし

ろ再訪しない可能性の方が高そうです。であれば、一回限りを前提とした顧客対応も理に適っています。ところがSNS以降では様子がすこし違ってきました。今月のユーザーのレビューは、来月のユーザーの訪問に影響します。はじめて利用するユーザーでありながら、過去に投稿された他者の体験を通して、リピートユーザーのように訪店先を判断します。ビジネスモデルにかかわらず、多くのブランドが【購入】だけでなく【再購入】、さらには口コミなどの【発信】を意識する必要性が高まってきました。

③【試用】と【満足】を重視する

パーセプションフロー・モデルでは、製品やサービスを実際に【試用】し、【満足】を実感するブランド体験を重視します。通常は【購入】の後、【再購入】の前です。【試用】で良好な第一印象と正しい期待をもち、ブランド使用体験で【満足】を実感することは、【再購入】を動機づけ、ブランドの継続使用を決定づけます。広告や店頭を含むさまざまな接点での体験がブランドの意味を構築していきますが、なかでも使用体験が絶大な影響力をもつことは、経験的にも分かりやすいものです。ブランドによっては、使用体験は視覚や聴覚だけでなく触覚や嗅覚、味覚など複数の感覚器を同時に動員します。製品を立体的に知覚できることは、強い影響力の一因かもしれません。であるならば、同じ瞬間に多くの感覚器に訴求する体験を提供することは有意義です。

ファネルではなく、エレベーターを意識しよう

Attentionではなく Interestからはじめ、【購入】を超えて【再購入】を目指し、【満足】を重視することで、従来まで支配的だった購買ファネルの考え方も変化します。

従来はブランドの【認知】を高め、【試用】を高めれば、【購入】につながり、その一部から【再購入】を期待するといったファネル、つまり漏斗《じょうご》型の構造を想定することが主流でした。「まずは認知を取るために、ブランド名を知ってもらう広告を投下しましょう」とか「リピート率が低いので、マイルのポイントがたまるユーザー向けキャンペーンをうちましょう」といった提案は、ファネルの考え方から導かれます。

最近では「大量の広告投下をして名前は覚えてくれたが、1回買ってもらっても次に続かない」という問題を抱えるブランドの相談が増えてきました。情報氾濫によって、【認知】や【試用】はそもそも獲得しにくくなりましたが、大きな予算をかければ不可能ではありません。定石通りに【認知】を高め、【試用】してもらったはずなのに、どこに問題があったのでしょう。製品は自信作で、価格もギリギリまでお値打ちに設定し、店頭で入手困難といったこともありません。製品性能をさらに高め、もっと値段を下げ、配荷店舗数を増やしても、本質的な解決にはならないかもしれません。

そもそも「【認知】はあるのに【試用】につながらない」とか、「【購入】はあるのに【再購入】につながらない」というとらえ方が間違っている可能性があります。むしろ「【試用】につながらない

図表 2-4　ファネルか、エレベーターか

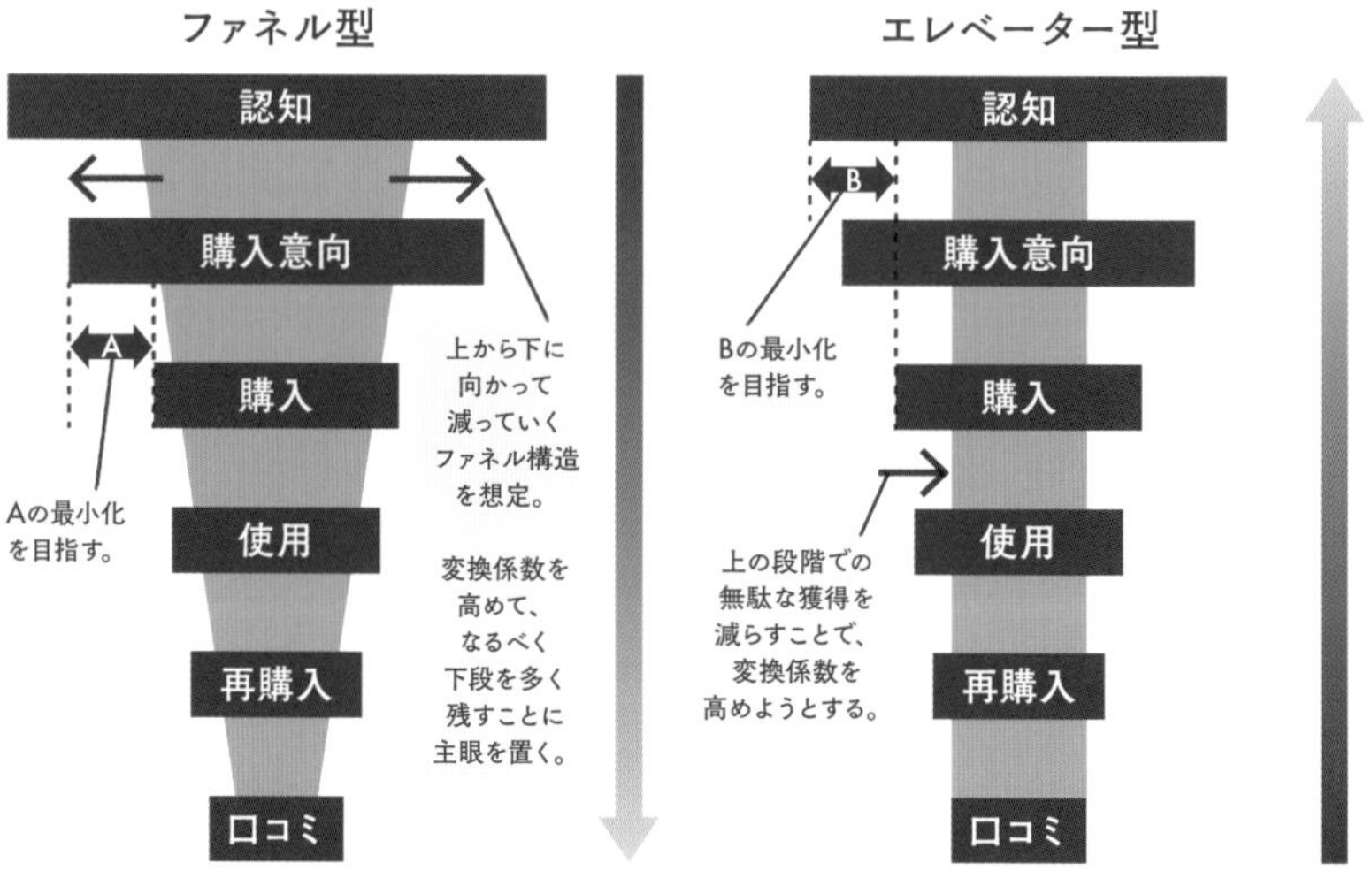
ファネル型
認知
購入意向
A
購入
使用
再購入
口コミ
Aの最小化
を目指す。
上から下に
向かって
減っていく
ファネル構造
を想定。
変換係数を
高めて、
なるべく
下段を多く
残すことに
主眼を置く。
エレベーター型
認知
B
購入意向
購入
使用
再購入
口コミ
Bの最小化
を目指す。
上の段階での
無駄な獲得を
減らすことで、
変換係数を
高めようとする。

「満足」や「再購入」を重視するエレベーター型を意識する。

【認知】がある」や「【再購入】につながらない【購入】が起きている」のかもしれません。「【試用】した人にいかに【満足】を実感してもらうか」という時系列のアプローチを正攻法としつつも、「【満足】しそうな人にいかに【試用】してもらうか」という逆側のアプローチが奏功することもあります。どうしたら【再購入】につながるか、というテーマで考えがちですが、本来はどうしたら【満足】してもらえるか、と考えるべきです。これは「満足しそうもない人を、いかに避けるか」という考え方にも通じます。そもそも、あらゆる人に【満足】してもらえる製品やサービスというのが存在しにくいゆえに、ターゲット消費者を設定するのです。製品やサービスに自信があるのに【満足】が低い場合には、間違った

人々が買っているのかもしれません。

そうした間違った【購入】でも、「ないよりあった方がマシだ」という考え方もありますが、持続的な売り上げとマーケティングＲＯＩを考えるなら、不満足につながる【購入】はむしろ有害なことが多いです。使う必要のない人に無理やり覚えてもらい、【満足】することのない試用体験を提供しているのであれば、それは非効率な活動です。しかも、間違った人が【購入】することで、いたずらに不満足をつくり出している可能性さえあります。「あのブランドは使ってみたけどダメだった」というユーザー評価が、ＳＮＳなどを通して伝播しかねません。

闇雲にファネルの上部の【認知】や【試用】の獲得に邁進するのではなく、ブランドが解決できる問題を感じていて、ベネフィットを愛用してくれそうなターゲット消費者を探し、彼らが【満足】する試用体験、そうした体験につながる【購入】、そうした【購入】につながる【認知】を確立すべきです。上からすぼまって落ちていくファネルではなく、下から同じ大きさで上がっていくエレベーターのイメージをもつことで、マーケティング活動の効果も効率も大きく改善できるでしょう。【満足】や【再購入】を重視する姿勢にもとづくエレベーター型の考え方は、持続的な成長と存続を目指すブランドマネジメントにはとても大事なアプローチです。

パーセプションの変化を自発的にうながす

消費者は、「買おうと思い、購入する」といった具合に、パーセプションに従って行動が発生する、

図表 2-5　知覚刺激がパーセプションの変化を促す

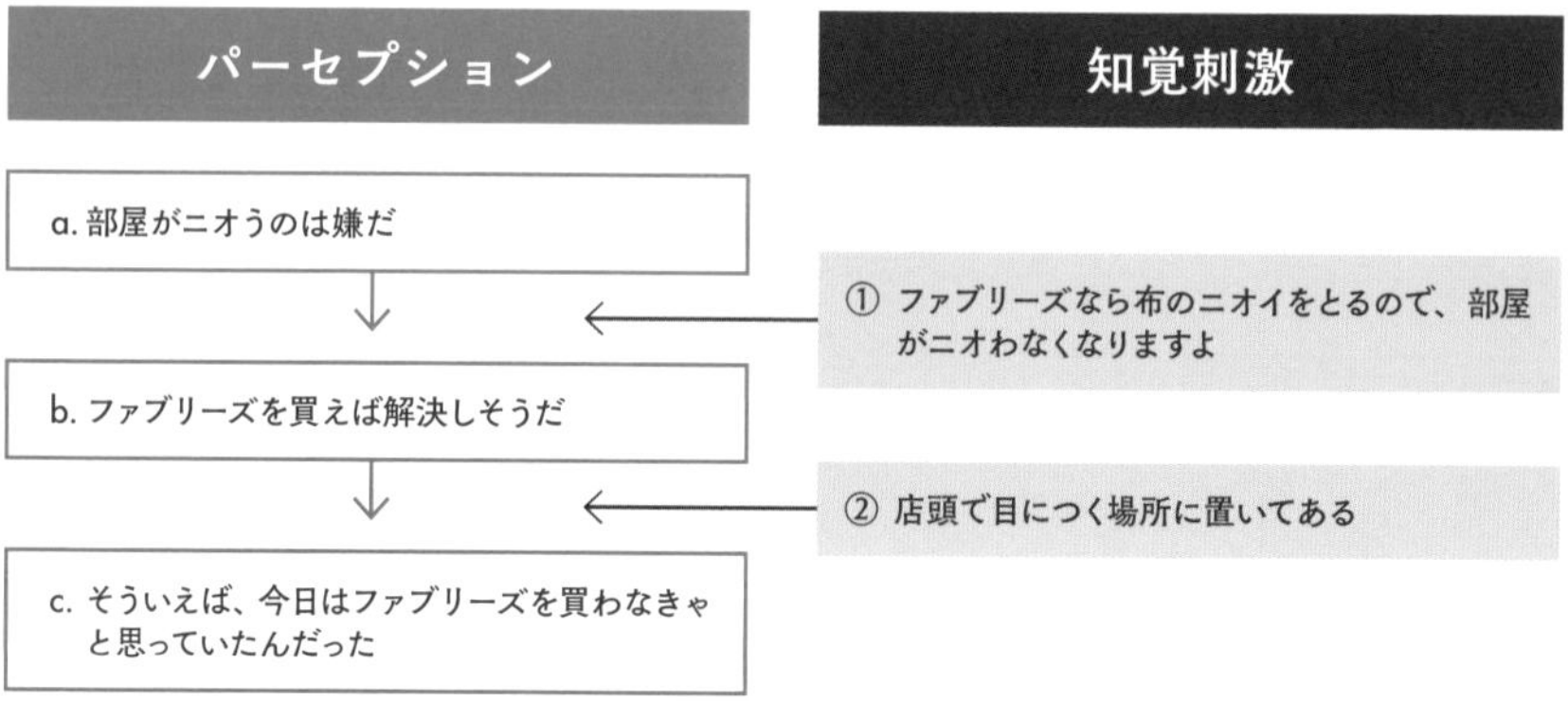
パーセプション
知覚刺激
a. 部屋がニオうのは嫌だ
b. ファブリーズを買えば解決しそうだ
c. そういえば、今日はファブリーズを買わなきゃと思っていたんだった
① ファブリーズなら布のニオイをとるので、部屋がニオわなくなりますよ
② 店頭で目につく場所に置いてある

という前提をとります。そして、消費者のパーセプションの変化を促すのが、知覚刺激です。

ここで重要なのは、消費者のパーセプションの自発的な変化を促すことです。ワークショップなどで「私のシャツは何色ですか?」と質問することがあります。「こちらを見てください」と言っても見てもらえるかもしれませんが、これは丁寧な命令です。こちらを見てくれと言われたから見た、という受動的な行動です。対して、「私のシャツは何色ですか?」というメッセージを知覚し、理解できれば、高い確率で能動的に「見よう」としてもらえます。

原理として重要なことは、消費者に対して丁寧な命令は機能しなくても、パーセプションの能動的な変化を促す知覚刺激の提供は可能という点です。「ファブリーズを買ってください」では丁寧な命令として機能しにくいですが、「部屋がニオうのは嫌だ」と思っている人に「ファブリーズなら布のニオイをとるので、部屋がニオわなくなりますよ」という知覚刺激を届けて、「ファブリーズを買えば解決しそうだ」という変化を促すことはできます。

2-2 パーセプションフロー・モデルの構造

全体像を把握することから

ここでは、パーセプションフロー・モデルの基本構造を概観していきます。戦略などの前提を示す枠外と、パーセプションや行動の変化などを示す本体部分に分けられます（図表2－6参照）。

パーセプションフロー・モデルの構造①：枠外

全体を管理、評価、修正するための目的や戦略が、ブランド名やキャンペーン名とともにまとめて示されます。具体的な活動以前に、プロジェクトの成否を分けることが多い部分です。

図表 2-6　パーセプションフロー・モデルの構造

パーセプションフロー・モデルの構造②：本体

〈状態〉

パーセプションフローの左端に消費者の〈状態〉が示されます。標準型は、【現状】→【認知】→【興味】→【購入】→【試用】→【満足】→【再購入】→【発信】、と市場創造に必要な8段階の設定です。ファブリーズに投入された初期型の16段階にはじまり、6段階の簡易型などを経て、幾多の経験と実績から標準型に落ち着きました。汎用性を十分に高めているので、運用に習熟するまでは、8段階を使用することをお勧めします。店舗の有無や、アプリなどビジネスモデルによって〈状態〉の名称は変化するかもしれません。

〈行動〉

具体的な「消費者の行動」を示します。標準型では各段階に（1.）～（8.）とアラビア数字で示します。パーセプションや態度と異なり、行動は観察や計測が可能な点が特徴的です。

〈パーセプション〉

行動を動機づけたり、要因となったりするパーセプションを示します。標準型ではそれぞれの段階に（a.）～（h.）と小文字のアルファベットで示します。

〈知覚刺激〉

パーセプションの各段階間に差し込まれるように〈知覚刺激〉を配置します。標準型ではそれぞれの段階に①～⑦の丸つき数字で示されます。（a.）のパーセプションに①の〈知覚刺激〉が知覚されると、（b.）のパーセプションに変化します。重要な点は、（b.）が①の結果として成立することです。この論理構造が、パーセプションフロー・モデル全体の整合性を担保します。

〈KPI〉

各知覚刺激の右側に〈KPI〉を規定します。〈パーセプション〉の変化、〈知覚刺激〉の質や量などを規定しておくと、達成の確認や、改良の方針を立てやすくなります。

〈メディア／媒体〉

〈知覚刺激〉の提供媒体である〈メディア〉を示します。広告などのメディアに加えて、〈知覚刺激〉を提供できる活動はすべて〈メディア〉だと理解します。後述するように、製品、パッケージ、店頭での告知や販売員なども、〈知覚刺激〉をもたらす媒体と理解します。

パーセプションフロー・モデルの構造③：8段階の各要素

それぞれの段階が示す〈状態〉を概観しましょう。各段階の詳細な理解は**5章**のつくり方に譲り、ここでは、おおまかな枠組みを理解します。

【現状】

現在、消費者が解決したいと思っている問題や、競合ブランドの使用といった問題を解決する方法などを記述します。これは、消費者の関心事も示しています。

【認知】（課題の認知）

【認知】は、ブランドの認知というよりも、解決すべき課題の認知です。ブランドを知っていることは必ずしも購入意向につながるものではありませんが、課題の認知は解決策を探索させ、積極的なブランドの発見からブランドへの興味につながります。属性の順位転換による市場創造もこの段階でな

されます。（**市場創造については、コラム#2を参照**）

【興味】

【興味】は「関心」と似ていますが、一説には興味の方が、関心よりも限定的で、集中の度合いも高いそうです。

そこで、【現状】で示した、解決すべき問題を気にしていて、広告などに聞く耳をもっている〈状態〉を「関心（Interest）」、ブランドに興味津々で、購入意向が高まっている〈状態〉を【興味（Fascination）】と解します。解決すべき問題への「関心」にもとづいて新しい「課題を認知」し、解決策を探して、見つけたブランドに【興味】をもつ、と変化します。ブランドが訴求するベネフィットを自分ごと化できると、購入意向が生まれます。ベネフィットの主語を消費者とすることとも関連しています。

【購入】

【興味】の段階で確立された購入意向に対し、【購入】のきっかけが提供され、【購入】します。

【試用】

製品やサービスにはじめて触れ、使用の直前に第一印象をもつ瞬間です。外箱を開け、スイッチを入れるなどの体験を通して、ベネフィットへの期待値も設定されます。

【満足】

最大の〈知覚刺激〉であるブランドの使用体験を通して、消費者の期待を超える状況を描きます。多くのカスタマージャーニー・マップや階層モデルではあまり見かけることのない、パーセプションフロー・モデルに固有の段階です。


【再購入】

ブランド体験に【満足】を感じられなければ、【再購入】にいたる確率は限定的です。使用の継続や習慣化によるベネフィットなどを明示できると有効です。


【発信】

すべてのユーザーに期待するものではありませんが、高い満足と愛着の結果として、ユーザーがブランドについて口コミやSNS投稿などを【発信】してくれることがあります。

2-3

実践の場で機能する3つの理由

マーケティング活動の正解を見つける方法が分かる

パーセプションフロー・モデルが実践で機能するのは、マーケティング活動の正解を提示するというよりも、その正解を見つける方法を提供するからです。具体的な理由を、3つの側面から説明します。第一に消費者視点からの理由、第二にマーケター視点からの理由、そして第三に戦略視点からの理由です。

①消費者視点による理由：消費者のパーセプションと行動による「仕組み」にもとづく

売り上げは個数と単価で構成されているので、成長は消費者がもっと買ってくれるからか、あるいはより高い値段で買ってくれるからです。自明のことにもかかわらず、売り上げが消費者行動の結果だということをうっかり忘れがちです。売り上げが芳しくないときなどに消費者に目を向けることなく、営業にハッパをかけ、新商品を導入し、値下げに邁進することがあります。「兵は拙速なるを聞くも、いまだ巧久なるを睹《み》ざるなり」という孫子の一節を「悪手でもいいから、とにかく素早く実行するのが正しい」と誤解し、猪突猛進してしまうのです。まるで売り上げが企業活動の直接的な結果であるような振る舞いは、活動と成果の間に消費者がいることを見失っています。危機感と責任感をもって

図表 2-7 消費者が買いたくなるアプローチが必要

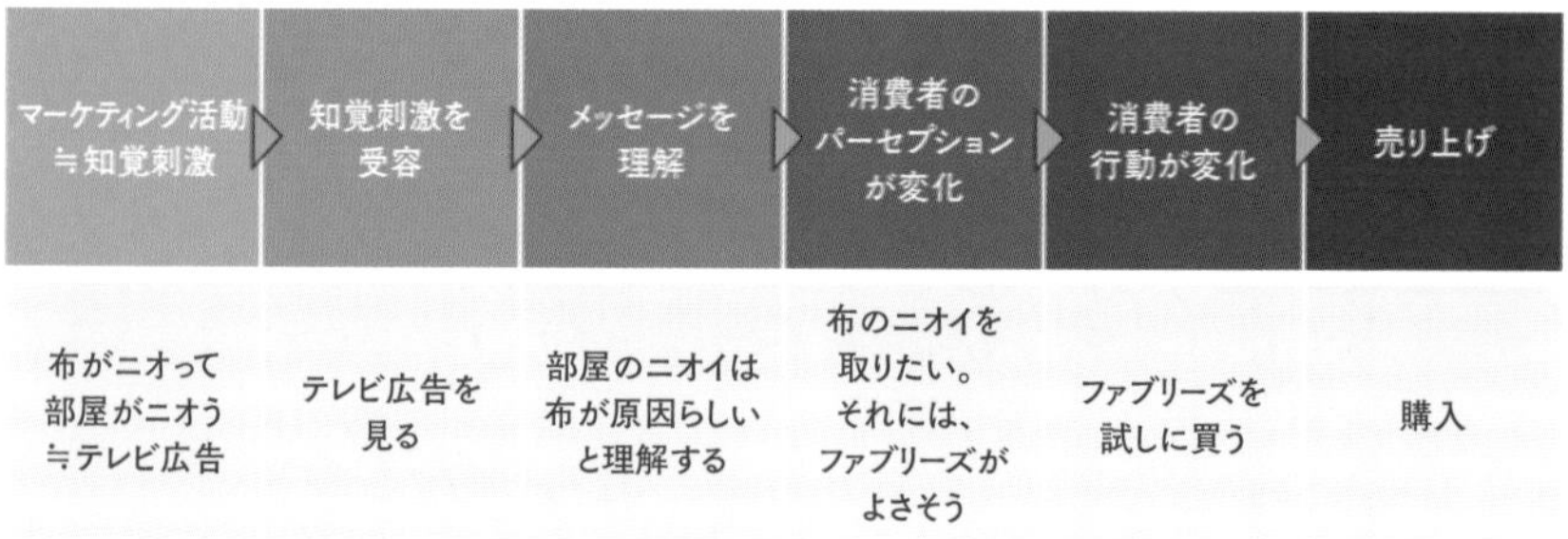
マーケティング活動≒知覚刺激
知覚刺激を受容
メッセージを理解
消費者のパーセプションが変化
消費者の行動が変化
売り上げ
布がニオって部屋がニオう≒テレビ広告
テレビ広告を見る
部屋のニオイは布が原因らしいと理解する
布のニオイを取りたい。それには、ファブリーズがよさそう
ファブリーズを試しに買う
購入

売り上げは消費者行動の結果。行動を変えるにはどんな働きかけが必要かを考える。

身構えているときには厄災にはあわないものですが、「とりあえずなにかアクションをとらなくては」といった、反射的な活動が奏功するとは限りません。施策を投入するときには、「売るためにはどうしたらいいか」よりも「消費者が買いたくなるためにはどうしたらいいか」を考えるべきです。

パーセプションフロー・モデルは、消費者のパーセプションや行動が変化する「仕組み」にもとづいた施策・活動の立案や実行を促すので、目的の達成により近づくことができます。

②マーケター視点による理由：結果を通して施策の「働きかけ方」を学ぶ

オリンピック種目でもある射撃競技には試射というルールがあります。実際に点数を競う本射に入る前に、何発か試し撃ちをします。標的への弾着を看的し、その日のコンディションに合わせて銃の照準装置や射撃姿勢の調整をし、本射に備えます。試射は、ハズれに学び、本射での命中につなげる大事なプロセスです。「失敗から学ぶ」のは、この弾着調整にちょっと似ているかもしれません。

裏返せば、繰り返しがないなら学ぶ必要はありません。弾が1発しかないなら、修正しようがないからです。マーケティング活動では、1発目を外しても2発目に挽回できるケースが少なくありません。むしろ初弾から命中する方がまれです。いずれにしても、今年の次には来年がやってきて、また機会が訪れます。

射撃競技では初弾の弾着から学ぶために、看的をしますが、マーケティング活動でも同じです。失敗からうまく学べる組織は、この看的が上手です。1発目がハズれたことは分かっているけれど、どこにどのくらいハズれたのかは分からない、という状態では、失敗からうまく学ぶことはできません。初弾の撃ち損じに動揺し、闇雲に2発目、3発目を撃ち込んでいるようでは、命中率が上がることはありません。

マーケティング活動でうまく看的するためには、活動計画上の目標値と実行結果の差を観察します。メディア計画と配信や露出、あるいはリーチの実績の差。配荷の促進策の計画値と実績値。各種値引き条件を展開したときの想定価格と実売価格の差。〈**①消費者視点による理由**〉では、活動が消費者のパーセプションや行動に作用する「仕組み」を理解することで改善を促しましたが、ここでは繰り返しが予想される活動の実行の仕方、つまり「仕組み」への「働きかけ方」を振り返ることで、改善を促します。（**「仕組み」と「働きかけ方」についてはコラム#7を参照**）

図表2-8　機能する3つの理由

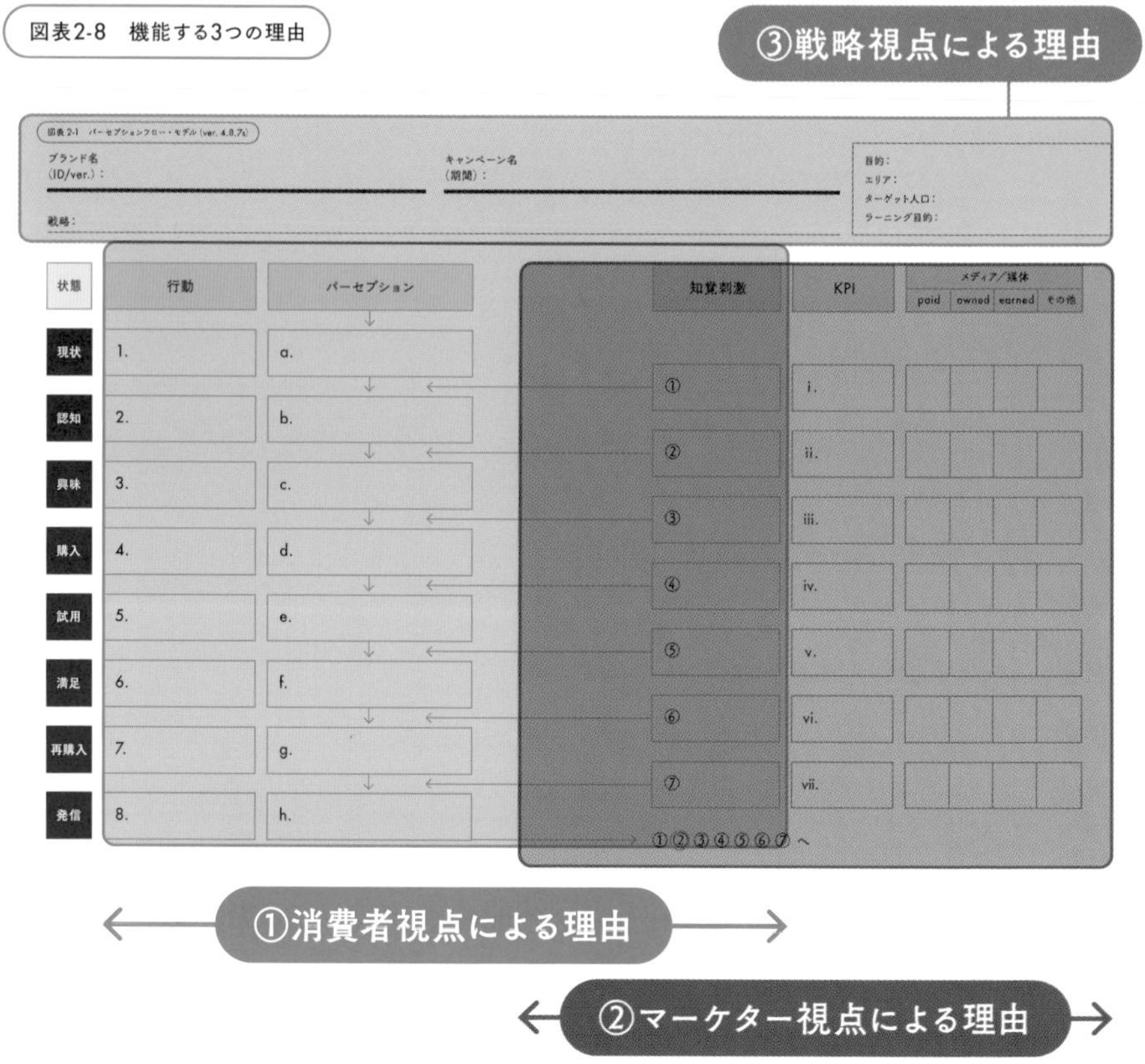

③戦略視点による理由：資源の有効な利用と全体最適

戦略は「目的達成のための資源利用の指針」と定義づけられます（**戦略についてはコラム#1を参照**）。そして、あらゆるマーケティング活動には明確な、あるいは暗黙の目的があり、資源は有限なので戦略が必要です。場合によっては、資源量は少なめに規定されることさえあるかもしれません。そして、マーケティングROIは目的（結果）／資源の比率で表記されますから、この観点からも戦略の重要さが明らかです。そこで、パーセプションフロー・モデルの枠外にも戦略が明記されています。資源の優勢を確保できることが、勝敗や成否を決しますから、資源の効率的な運用がとても重要です。

パーセプションフロー・モデルは全活動を把握できるので、活動の無用な重複や不用意な欠落を避け、各部分の補完や、相乗を促し、全体最適を可能にします。結果的に、資源の有効利用につながるので、目的を達成しやすくなります。マーケティング予算や製品技術、人材や組織、時間など、投入できる資源が同量であっても、より高いアウトプットにつなげられます。あるいは、同じアウトプットなら、より少ない資源で実現できるでしょう。こうして戦略が強化され資源のムダが減ることで、勝機が上がりマーケティングＲＯＩも改善されます。

パーセプションフロー・モデル上での三者の位置づけ

パーセプションフロー・モデル上では、「①消費者視点による理由」が〈行動〉、〈パーセプション〉と〈知覚刺激〉に示され、「②マーケター視点による理由」は〈知覚刺激〉〈ＫＰＩ〉と〈メディア〉に示されています。加えて、「③戦略」は枠外にある「ブランド戦略」や右上の「目的」に示されます。

（図表２−８参照）

2-4 カスタマージャーニー・マップとの違い

認識の変化がもたらす「未来」を描く

マーケティング活動全体を把握し図示する方法には、パーセプションフロー・モデル以外にカスタマージャーニー・マップがあります。ともに消費者の購買行動を段階や接点で示し、導入も90年代の同時期です。

パーセプションフロー・モデルの初期型には〈行動〉の欄がありませんでしたが、バージョンアップで追加されました。カスタマージャーニー・マップは最近になって〈感情〉の記述を備えたものが登場してきました。見た目はよく似てきましたが、使い方が本質的に異なる部分もあります。それぞれ、類似点と相違点を明確にしておきましょう。まずは似ている点からです。

類似点①：消費者視点でマーケティング活動を管理する

カスタマージャーニー・マップも、パーセプションフロー・モデルも、消費者についての理解を可視化し、消費者をマーケティング活動の中心におきます。消費者理解を可視化する仕組み、と言ってもいいでしょう。カスタマージャーニー・マップに慣れ親しんだマーケターは、パーセプションフロー・モデルになじむのも早い傾向にあります。マーケティング活動全体を消費者視点で管理できるからかもしれません。これらの手法に習熟することで、消費者視点で市場を眺める習慣も習得できます。

特筆すべきことは、この効果がマーケティング部門に限ったものではない点です。組織の規模が大きくなると、活動立案などの際に意識が内向きになることがあります。巨体が自壊するのを避けるために、内的な調整や手続きが増えるのは避けがたいことですが、消費者理解が可視化されていれば、組織全体が消費者中心の姿勢を堅持するのに役立ちます。

類似点②：変化の全体を俯瞰する

両者ともに【認知】や【興味】から【購入】、【発信】にいたる購買の段階をたどり、変化の全体を俯瞰します。一般的には「競合ブランドを使っていて、競合ブランドで特に問題も感じない」といった【現状】の段階から、「とても気に入っているブランドだから、SNSなどで推奨する」という段階へと移行していく様子を一本の経路として描きます。

場合によっては、「訪店から購入、そして再訪店するまで」とか、「ネットで商品を探すところから購入までのカスタマージャーニー」といったように、一部分に特化することもあります。各段階は、AIDMAや派生型の階層モデルを使う場合もあれば、カテゴリーやブランドに固有の段階を新しく開発することもあり、両モデルともに柔軟な段階設定を許容します。

行動やパーセプションの変化全体を俯瞰することで各活動の目的や役割が明確になり、全体最適を促すことは重要な類似点です。活動間の連携を生み、重複や不整合を避けられるので、マーケティング活動全体の効果と効率を高められます。

類似点③：活動の役割に沿った効果測定ができる

データが乏しい時代には、マーケティング活動の期間と売り上げ（またはシェア）を直接比較して「売り上げがよかったから、このプロモーションは成功だ」とか「シェアが上がらなかったから、この広告は失敗だ」という大雑把な結論を出すこともありました。全活動の結果である売り上げやシェアで個々の活動を評価するのは、間違いではないもののいささか雑です。最終的な結果に影響を与える変数はたくさんあるにもかかわらず、まるごとブラックボックス化してしまうので、恣意的になる懸念もありました。

日常生活がデジタル化してきたことで、ブランドと消費者との接点は複雑さを増しつつ、計測可能性も高まってきました。各段階や接点ごとの役割が明確で、それぞれに効果を計測できれば、各活動のマーケティングROIが計測できます。

次に、異なる点を列挙します。

相違点①：消費者の行動か、消費者のパーセプションか

両者の最大の違いは、パーセプションの変化を描いているか否かです。カスタマージャーニー・マップは通常、「ブランドとの接点での消費者の行動」を中心に扱います。その製品カテゴリーを購入するときの、典型的な購買行動を前提として「接点ごとの活動の効率化」に適しています。

パーセプションフロー・モデルは、各段階の行動を動機づけ、原因となる「消費者のパーセプションの変化」を中心に扱います。4P全域の活動が、知覚刺激として消費者のパーセプションに影響を与え、行動変化を促す様子が示されます。新しくニーズを感じ、ブランドに興味や愛着をもつための「マーケティング活動全体の設計」に適しています。

1993年の世界的名著、アル・ライズとジャック・トラウトによる『マーケティング22の法則』に印象的なフレーズがあります。Marketing is not a battle of products, it's a battle of perceptions.（マーケティングは製品の戦いではなく、パーセプションの戦いである）というものです。モノのよしあし以上に、知覚され、認識されることが重要だということです。以降のマーケティングの方向性に多大な影響を与えた一文ですが、パーセプションフロー・モデルの根底にもこの考え方があります。

余談ですが、製品以上にパーセプションが大事なのであれば、ちょっと過大に訴求してしまえ、という誘惑に駆られることがあるかもしれません。言うまでもなく、パーセプションが大事であればこそ、嘘は絶対に許されません。そもそも倫理的に問題があることに加え、ブランドに与えるリスクも甚大です。ブランドマネジメントはブランドが存在し続け、愛され続けることを目指すものです。も

しそこに嘘があれば必ずどこかで露呈し、ブランドを丸ごと台無しにしてしまうでしょう。

相違点②：現在の見取り図か、未来の建築図面か

対象とする消費者行動が「現在か、それとも未来か」という時間軸も大きな違いです。カスタマージャーニー・マップは通常、現在の消費者行動を扱います。現在の消費者行動を規範とし、マーケティング活動をできる限りすり合わせていきます。例えるなら、カスタマージャーニー・マップは現存する建物の見取り図です。見た目は設計図に似ていますが、この建物はすでに存在しています。そして、その建物に合わせて活動計画を立案します。

対して、パーセプションフロー・モデルは、現在の消費者の行動や認識を前提としつつ、これから起こるパーセプションの変化によって「未来の消費者行動」を描きます。例えるなら、パーセプションフロー・モデルはこれから建てる建物の建築図面です。そこに描かれている建物はまだ存在しておらず、これから建てていきます。パーセプションフロー・モデルに描かれている消費者の行動や認識もまだ存在していませんが、マーケティング活動を通して実現していきます。

パーセプションフロー・モデルを開発する際に、現状を描くために既存の消費者行動の調査からスタートすることがあります。特に「現存する建物を改築する」ときに有効です。困難に直面したブランドの回復や、将来に向けて成長の加速を企図する場合です。まず現状をカスタマージャーニー・マップに描き、それを「現在の建物の見取り図」として理解したのち、改善後の姿をパーセプションフロー・モデルで描きます。いちからパーセプションフロー・モデルをつくるより手早く効率的で、カ

スタマージャーニー・マップだけでは描ききれない未来を実現するのに効果的です。

実際に、ロイヤルユーザーの消費行動を描いたカスタマージャーニー・マップを参照しつつ、新規ユーザーやライトユーザーに同様の軌跡をたどってもらうためのパーセプションフロー・モデルを描くという方法が有効なことも少なくありません。

相違点③：市場創造と差別化か、既存市場での効率化か

「未来か、現在か」という時間軸の違いに関連して、もうひとつの大きな違いは想定される競争戦略です。競合ブランドに対して「効率化するか」、あるいは「差別化するか」が異なります。

カスタマージャーニー・マップは現在の消費者行動の記述なので、同一の製品カテゴリー内の複数のブランドを書き分けるのが難しいことが多いです。洗剤ブランドAと洗剤ブランドBのカスタマージャーニー・マップは基本的には同じです。ビールAとビールBも同様です。自動車や高級化粧品のように、それぞれのブランドが固有の流通経路をもっていても、消費者のカスタマージャーニーはお互いに酷似します。こうした理由から、カスタマージャーニー・マップは効率化に有効ですが、差別化には少し使いにくいことがあります。このジレンマは、カスタマージャーニー・マップが「現在の消費者行動」を中心にしていることに起因しています。

曲線が漸近線に沿っていくように、現在の消費者行動に追随して効率を改善していくのに便利です。既存市場の枠組みの中で効率改善を追求するビジネスと相性がいいでしょう。例えば、すべての属性で競合と同質化し、低めの価格で勝敗を決するといったアプローチのビジネスなどでは、抜け漏れを

ふせぐのに使いやすい道具です。

対して、パーセプションフロー・モデルはまだ存在しないパーセプションの変化を描きます。消費者が新しく認識する「いい洗剤」や「いい化粧水」など、「いい商品」の定義に影響を与えるので、市場創造や市場の再創造の道具として有効です（コラム#2「マーケティング」を参照）。また、パーセプションを扱うことは、パーパス（大義や存在意義）を掲げ、ベネフィットを訴求し、ブランドに固有の「意味」を確立していくブランドマネジメントと高い親和性があります。洗剤ブランドAと洗剤ブランドBのパーセプションフロー・モデルが同じになることはありません。ベネフィットやブランド体験が異なるからです。

市場創造もブランドの確立も、新しい価値を提案するにはパーセプションに働きかける必要があります。価値を認識するのはパーセプションだからです。固有のベネフィットによる差別化を競争優位として重視するビジネスでは、パーセプションフロー・モデルが扱いやすく、必要不可欠な道具でしょう。

2-5 ブランド定義や経営計画との連携

諸活動との有機的な連携が効果を生む

パーセプションフロー・モデルの導入には、既存の経営計画のサイクルや企業活動のプロセスとの同調が重要です。特に①ブランドの定義やマーケティング戦略など「ブランドマネジメントの諸概念との関係」、②年間計画や中期計画など「企業全体の経営計画サイクルとの関係」、そして③新商品や新ブランドの導入を含む「製品ラインナップとの関係」です。

①ブランドマネジメントの諸概念との関係——2枚の設計図と戦略

一般的に、ブランドマネジメントには2枚の設計図が必要です。ひとつは「ブランドの定義書」で、長期的にブランドのあるべき姿を示します。本書では実績ある「ブランドホロタイプ®・モデル」というフォーマットを提示しています。ブランドマネジメントについては**コラム#5**に、ブランドホロタイプ・モデルについては**コラム#6**にまとめました。

もうひとつの設計図が「マーケティング活動の全体設計図」で、パーセプションフロー・モデルが典型です。

そして、この2つの設計図をブランド戦略がつなげます。ブランドを構築し、利益を達成するための資源利用の指針を示します。戦略の詳細は**コラム#1**を参照してください。

時系列で並べると、「ブランドホロタイプ・モデル」でブランドを定義し、そのブランドを実現するために「ブランド戦略」を策定し、そこに示された資源利用の指針に従って「パーセプションフロー・モデル」でマーケティング活動全体を設計します。

②企業全体の経営計画サイクルとの関係

企業の活動には大きく3つのスケジュールが存在すると考えられます。まずは会計年度ごとの活動を軸とした「年間スケジュール」で、日々の活動の多くがこの立案と実行に投入されます。加えて、3〜5年単位の「中期経営計画」があります。中長期の視点で、製品開発や組織改革、海外展開や販路拡張、新工場やM&Aなどの投資案件などが議論されます。3つ目は季節ごとの消費生活の変化や、店頭の定番棚の変更サイクルにしたがった半期か四半期ごとの「活動スケジュール」です。パーセプションフロー・モデルはブランド体験を描写するので、年間スケジュールや短期の活動スケジュールに沿ってつくることが多いでしょう。

③製品ラインナップとの関係

ひとつのブランドでも、容量違いや詰め替え、味・香り・色のバリエーション、粉末や液体といった剤形違いなど、複数の製品ラインナップが用意されることがあります。通常、同じブランドであれば、ベネフィットやターゲット消費者が一貫しているので、1枚のパーセプションフロー・モデルで対応可能です。こうしたバリエーション製品は、むしろ知覚刺激としてとらえるべきかもしれません。

ベネフィットは同じでも、機能や使い方、購入場所が大きく異なる場合には、つくり分けることもあります。最終的なベネフィットは同じでも、消費者の行動やパーセプションが異なるからです。例えばファブリーズなら、スプレー型と置き型、そしてクルマ用は車種ごとにそれぞれ別のものを用意するとよいでしょう。

Effectiveness

3章

「全体最適」の実現による効用

個別最適を避け、全体最適を実現するためには、全体を俯瞰する必要がある。

パーセプションフロー・モデルの特徴は、①マーケティング活動全体を把握し、②消費者のパーセプションや行動変化を俯瞰し、③部門間の意思疎通を促せることです。結果として、マーケティング活動を効果的・効率的に強化できるので、マーケティングＲＯＩも改善します。

3-1 的確な状況判断と意思決定を可能にする3つの特徴

欧州の兵法の歴史から学ぶ

パーセプションフロー・モデルによる効用は、３つの主要な特徴にもとづいています。それは、①マーケティング活動全体を把握し、②消費者のパーセプションや行動変化を俯瞰し、③部門間の意思疎通を促せることです。具体的な説明に入る前に、現代のマーケティングをとりまく環境とよく似た状況を歴史の本に見つけたので、たどってみたいと思います。

歴史家Ｗ・マクニールが『戦争の世界史』の中で、11～13世紀の、欧州の戦場の変化を描いています。甲冑の重装騎兵の大群が、集団突撃して敵を蹴散らす戦い方が主流だった時代に、クロスボウ（弩）が登場したことで、戦場が大きく変化します。日本の弓は弦を縦に構えますが、クロスボウの弦は横向きで、銃床がついています。そのため素人でも扱いやすく、弓を引くのに筋力だけでなくウインチなどが使えて高威力です。大した訓練もせず遠距離から甲冑を射抜く攻撃力は、重装騎兵には大きな脅威でした。ただ、クロスボウは連射がきかず重量もかさむので、運用にはパイク兵と軽騎兵が必要です。パイク兵は、4〜7メートルの槍を装備した槍兵で、集団で槍ぶすまをつくり、矢を装塡中のクロスボウ兵を重装騎兵の突撃から守ります。軽騎兵はどの兵科よりも移動力が高く、クロスボウ兵やパイク兵の側面を守り、追撃戦を担いました。では、マクニールの説明を読んでみましょう。

〝クロスボウの操作の簡単さは、戦場において身分の格差を解消させる働きをした。めっぽう金のかかる装備をした重装騎士が、ちょっと戦場慣れした程度の平民どもに必ずしも勝てなくなったのである。平民が引き金を引けばクロスボウの短い矢がとんでいって、100ヤードかそれ以上の距離でも騎士を馬から射落とすことができたからである。

—中略—

だが、クロスボウ兵とパイク兵には側面防御と残敵追跡の能力がなかったから、その弱点を補うためには騎兵部隊をつけねばならなかった。この結果、力任せに突撃するばかりの騎士集団がヨーロッパの戦場を支配していた前代に比べて、戦争というものははるかに複雑になった。騎士の家族の中で父を模範として子が学ぶことで世代間に伝えられる単純な個人の武勇によっては、もはや戦闘に勝って支配階級の地位を保つことはできなくなった。それに変わって必要とされるものは、戦争をする技芸（アート・オブ・ウォー）だった。パイク兵、クロスボウ兵、騎兵が整合性をもって働くように、誰か調整する人間がいる必要があった。

—中略—

総じていえば新しい戦争のアートの複雑性は地方権力に有利にはたらいた。もし経済繁栄下にある都市にとってさえ新しい技法を活かすのがむずかしかったとすれば、もっと古い領域的権力—大領邦、王国そしてそれらの中で最大の神聖ローマ帝国—にとっては、新しい軍事技術を効果的に運用するのはその倍もむずかしかった。かくして、11世紀から12世紀にかけてラテン・ヨーロッパの経済的・軍事的権力の形態に生じた変化は、13世紀には神聖ローマ帝国の骨組みそのものを粉砕してしまった。〟（刀水書房『戦争の世界史』より）

何百年も昔の欧州の戦場に、昨今のマーケティングの様相が語られているようです。分かりやすく書き直してみましょう。

〝デジタル施策・活動の簡便さは、マーケティングにおいて規模の格差を解消させる働きをする。めっぽう金のかかるプランを装備した大企業が、ちょっとデジタル慣れした程度の小企業に必ずしも勝てなくなったのである。データにもとづくデジタル施策を起動すると、10分の1かそれ以下のマーケティング予算でもシェアを奪うことができたからである。

—中略—

だが、デジタル諸活動とデータ運用には広範な告知や店頭管理の能力がなかったから、その弱点を補うためには営業連携を含むマス施策もつけねばならない。この結果、力任せに突撃するばかりのテレビを中心としたマスマーケティングが市場を支配していた前代に比べて、マーケティングというものははるかに複雑になった。大企業の中でジョブローテーションを通して、数年程度で伝えられる限定的な個人の経験では、もはや競争に勝って支配的シェアを保つことはできなくなった。それに変わって必要とされるものは、マーケティングをする技法（アート・オブ・マーケティング）である。デジタルコミュニケーション、データ運用、営業連携を含むマスマーケティング活動が整合性をもって働くように、誰か調整する人間がいる必要があった。

―中略―

総じていえば、新しいマーケティングのアートの複雑性は新興企業に有利にはたらいた。もし新進気鋭の若い企業にとってさえ新しい技法を活かすのがむずかしかったとすれば、もっと古い大規模組織―大企業、総合広告会社―にとっては、新しいマーケティング技術を効果的に運用するのはその倍もむずかしかった。かくして、20世紀末から21世紀初頭にかけてマーケティングの方法に生じた変化は、21世紀にも神聖ローマ帝国のような大企業の骨組みそのものを粉砕してしまうかもしれない。〟

大規模組織は、ローマ帝国の失敗に学び、骨組みを砕かれる前に対処する必要があるかもしれません。気鋭の新興勢力なら、当時の地方都市の成功から、なすべきことが垣間見えるでしょう。攻める側も、守る側も、的確な視点を通して歴史から学べることは少なくありません。この13世紀の事例が示す教訓のひとつは、「新しい道具は競争優位をもたらすけれど、計画の立案と実行における、複雑化への対処法が必要だ」ということです。クロスボウの運用はクロスボウだけで完結しなかったように、デジタルの運用はデジタルだけで完結するものではありません。

当時のヨーロッパの複雑化への対処法は、①部隊の全活動を把握し、②戦場全域を俯瞰して、③兵科間の調整ができる「アート・オブ・ウォー」に長けた傭兵隊長の雇用でした。現代の組織でも、傭兵隊長のような「アート・オブ・マーケティング」のスキルをもつ人材を、中途採用やコンサルタントで雇用する対処法は有効です。同時に、複雑さへの対処に必要な機能に着目すれば、パーセプションフロー・モデルのような「活動の全体像の図示」も役に立ちます。

それは、①部隊の活動全体を把握するように、マーケティング活動全体を把握し、②戦場全域の地形や情勢を俯瞰するように、消費者のパーセプションや行動変化の全域を俯瞰し、③兵科間の調整をするように、部門間の意思疎通を促せるからです。

では、この3つの特徴にもとづく7つの効用を見ていきましょう。

3-2 効用① 全活動を把握でき、全体最適を実現しやすい

全活動を把握できれば、部分最適に陥らない

マーケティング活動の全体を把握し、全活動をバランスよく統合することで、全体最適につながられます。全体最適を妨げるのは、部分最適への傾倒です。その原因は部門のセクショナリズムや近視眼的なＫＰＩ設定だけでなく、全体像の欠如に起因しているかもしれません。

専門領域が部門を分け、それぞれの役割を規定しているとき、全体像が見えないと各部門は、自分たちの領域から世界を眺めることになります。みずからの専門性にもとづき、目の前の仕事に集中し、善意とともに部分最適を推し進めていきます。おのずと分断も進みます。ブランド担当が消費者を注視するとき、製品開発担当は使用者を、広告担当は視聴者を、店頭施策担当は購入者を意識します。同じ人物でも、使用者としては高性能な製品を好みますが、購入者としては安いものを選びます。すべての部門が同じターゲット消費者を見定め、全体の中での自分たちの役割や、連携すべき前後の活動を理解することで、こうした分断は避けられます。そもそも悪意にもとづく分断ではないので、善意だけでは分断は避けられません。全体像の提示が必要です。

活動の全体図として、週ごとや月ごとのマーケティング活動を示した、マーケティングカレンダーを展開している企業もあると思います。活動の時期や内容を営業現場と共有するのに有効ですが、活動間の関係や、消費者の変化を示すことは少なく、販促以外の活動もあまり記載されません。情報共有の手段なので、全体最適の道具としては不十分でしょう。

全体最適に従ってマーケティング予算や資源が配分されると、マーケティングの効率が上がり、結果としてマーケティングROIなども改善できます。全体像の共有や全体最適を意識せずに、広告や施策など多様な活動をしてきたブランドでは、きわめて大きな改善が実現されることがあります。20%以上の効率改善をもたらしたブランドも報告されています。

3-3 効用② 各活動の目的が明確になるので成果を上げやすい

活動ごとの目的を明示できる

全体像が定まれば、各マーケティング活動や、各接点でなすべきことが明確になります。それぞれの活動がもっとも得意とする役割に集中することで、部分最適も同時に実現できます。すべての接点や活動が、漫然と売り上げの最大化を目的に掲げる非効率を防げます。

例えば戦略PRなどの広報活動は、「布のニオイが部屋のニオイの原因だ」というパーセプションを確立する、という役割を与えられていました。ファブリーズを欲しくなる前提を確立する活動ですから、ブランドそのものの認知やベネフィットの訴求、売り上げへの直接的な影響を期待すべきではありません。全体の中での活動の役割が曖昧だと、「ブランド名の露出も少ないし、その期間の売り上げも大したことないし、この活動は失敗だった」などと、まちがった評価をしてしまいます。広報は「広告料のかからない安い広告」ではありません。この場合は、ブランド名の露出量や活動月の売り上げではなく「ターゲット消費者のうち、6カ月後に布のニオイが部屋のニオイの原因だと考えている割合」などを成功の指標とすべきです。

こうした、役割と評価の不一致はあちこちで頻発します。ステーキナイフの代わりに包丁で肉を切り、気をつければフォークの代わりに使えなくもありませんが、包丁はそうした役割のためにつくられてはいません。効率が悪いし、そもそも危険です。同様に、使い方次第で広報活動も広告の代わりに使えなくもありませんが、正しい使い方ではありません。効率が悪く、将来まっとうな広報活動がしにくくなるというリスクもはらんでいます。全体設計の中で、活動ごとの役割や目的が明示されると、その活動がもっとも得意とする役割に集中できるので、効果と効率の両方を高めます。包丁でステーキを食べずにすみます。

目的を中心に置き、暴走やパニックを防ぐ

組織によっては、目的や戦略の議論をすることなく、一足飛びに施策の議論がなされることがあります。例えば、不調が続いているブランドの回復策の議論で、マネジメントの誰かが「やっぱり動画

の時代だから、世間のみんなが驚くようなインパクトのあるおもしろい動画をつくろう」などと言いだすといったことです。なぜ「動画の時代だから」自分たちも動画をつくるべきで、「世間のみんな」とは誰で、どうして「驚く」必要があり、「インパクト」とは具体的になにを意味していて、「おもしろい」とはどういった状態なのか、言葉に勢いはあっても中身がよく分かりません。

とはいえ、マネジメントの指示なので、SNSなどでシェアされそうな動画をつくり、「いいね！」を集めつつもビジネスへの影響はほとんどなく、次の会議がやってくる頃にはマネジメント本人も指示を出したことすら忘れている、といった経験をされたことがあるかもしれません。

天才型の一部の経営者などには、こうした思いつきを頻繁に当てる人がいますが、きわめて例外的です。彼らは順序立てて話さないので、唐突な思いつきをしているように見えますが、事前にかなり考え抜いているに違いありません。常人の思いつきの施策など、そうそう当たるものではないのです。経験的に分かりやすいのでマネジメントの暴走を例にしましたが、暴走するのはパニックを起こし、思いつきにすがろうとする自分自身かもしれません。

全体像の中で、マーケティング活動に明確な目的を設定できていれば、こうした思いつきやパニックの可能性を減らせます。マネジメントに抗弁するのもパニックを起こした自分自身を抑えるのも簡単ではありませんが、客観的に示されている文書があれば冷静に議論したり、我に返ったりする可能性が出てきます。

「今回のプロジェクトで解決すべき点は、パーセプションフロー・モデルに照らすと、購入意向のある消費者に店頭で購入のきっかけを提供できていないことです。店頭でのひと押しとなる知覚刺激のアイデアが必要です。今日の会議で、リストアップしたいと思います」と会議の冒頭で明示すれば、暴走やパニックを抑えやすいでしょう。思いつきの意見が出てきても、少しの勇気で軌道修正できそうです。

そして、こうした前提を踏まえてつくる動画なら、うまく機能するように思います。店頭で気づいてもらうためには、消費者がおもしろいと思える動画はよさそうです。最後の「ひと押し」として「家族も気に入ってくれる」ことを動画に示すのは役に立ちます。「家族みんなで使えそうだから、買ってみようかな」と思ってくれるかもしれません。人は、自分のためよりも大事な誰かのために買う方が、財布の紐を緩めやすいものです。

「やっぱり動画の時代だから、世間のみんなが驚くようなインパクトのあるおもしろい動画をつくろう」という曖昧な指示も、パーセプションフロー・モデルで役割が明確になれば、有効に解釈できます。これなら、きっとビジネスにもポジティブな影響を与えられます。

ブリーフィングの精度が高まる

全体像と各段階の目的が明示されると、各種活動のブリーフ (brief)、つまり広告会社への指示書を作成しやすくなります。詳細は**5章8項**に譲りますが、クリエイティブをはじめ、社内外の専門家に仕事を依頼する際に必要です。

ブリーフィングの際、パーセプションフロー・モデルをブリーフに添付することで、「マーケティング活動全体でなにを実現し、この活動でなにを達成したいのか」、目的と役割を明示できます。全体像を意識した提案ができる広告会社は、各部の作業に特化した広告会社よりも大きな貢献ができます。そして、それぞれの広告会社の能力を、ブリーフィングを通して最大限に引き出すのは、マーケティングリーダーの重要な仕事です。

3-4 効用③ 消費者中心の経営を仕組み化できる

なぜ「消費者中心」であるべきなのか

製品技術を重視するモノづくりの会社、取引先との関係構築を優先する営業中心の会社、財務・経理第一主義の会社、組織の力学や人事計画など社内事情を大事にする会社もあるでしょう。製品や取引先、社内事情ではなく、消費者を第一に考えるのが消費者中心の考え方です。

消費者中心という言葉には、どこか社会正義で、SDGs（国連が唱える、持続可能な開発目標：Sustainable Development Goalsの略語）的な印象を与えることがあります。この「善」の側面を否定するものではありませんが、本義ではありません。「持続的に利益を出し続けるために、もっとも効果的で効率的なアプローチが消費者中心主義である」というのが本来の主張です。消費者にとっていいことと、自社にとっていいことが一致するようなウィンウィンの関係ならば、繁栄しない理由がありません。逆に、ウィンウィンでないのに持続的な成長を維持するのは難しいでしょう。シンプルな概念ですが、この考え方を全部門で理解する必要があります。「いまは会社が傾くかもしれないときなんだから、消費者中心とか言ってる場合じゃない」といった議論が出てくる場合には、注意が必要です。本質を見誤っているかもしれません。ビジネスが劣化してきているときは、多くは消費者が離れているときです。そんなときこそ、消費者中心に考えないと根本的な劣化を止められないでしょう。

重要なのは「見える化」と「仕組み化」

消費者中心を掲げていても、計画の承認を前に上司やマネジメントの意図を汲み、積極的に展開してもらうために営業部門や取引先の主張を取り入れます。製品開発や物流部門からの要請、財務部門のアドバイスや株主の意向など、聞くべき声はたくさんあります。決して消費者のことを忘れているわけではないものの、日々の議論の中に消費者が出てきにくいのが現実です。多くの組織にとって、つねに消費者を意識し続けるのは容易なことではありません。であるがゆえに、うまく確立できれば強力な競争優位です。

Out of sight, out of mind.ということわざがあります。「去る者は日々にうとし」などと訳されますが、直訳は「見えなくなると、気にしなくなる」です。上司や他部門の担当者は、オフィスや会議で顔を合わせ、メールも電話も来ます。取引先の声は営業が伝えてきますし、自分自身で商談に行くこともあるかもしれません。ところが、消費者と毎日顔を合わせるマーケターは、決して多くありません。いつの間にか消費者が視野から外れてしまうのは、「物理的に見えていない」ことがとても大きな理由です。よしんば消費者を見続けていたとしても、自ブランドを通してしか見ないかもしれません。消費行動の段階を「自ブランドの認知」から開始するのは典型的です。「自ブランドの認知」以前に「いま使っているブランドを、なぜ、どのように使っているか」という段階から理解するのが自然です。

「やってみせ、言って聞かせてさせてみて、ほめてやらねば人は動かじ」という山本五十六（日本の海軍軍人、連合艦隊司令長官）の有名な教えがあります。やり方を実演し、方法を伝えて、自分でやってみさせることで、個人は実行力を高められます。そうした個々人が集まって形成される組織についても有意義ですが、組織には固有の力学も働きます。組織を動かすのに不可欠なのが「仕組み化」です。以前に勤めていた会社の米国人上司に、陸軍士官学校出身のリーダーがいました。彼からリーダーシップについて多くを学びましたが、なかでも組織の動かし方として「仕組み化」の重要さを繰り返し教わりました。成功した活動の報告をすると、一通り褒めてくれたあと、“Otobe-san, you should make it into a process.”と、よくアドバイスされました。「それを仕組み化するといいよ」ということです。仕組み化するというのは、「プロセス（手続き）をつくりなさい」ということです。成功理由を抽出し、成功が再現できるような仕組みやプロセスを、失敗からは、同じ失敗を繰り返さないための工夫としてプロセスをつくります。後進が自分ではその成功を経験していなくても、プロセスを守れば再現できるようにするのです。

パーセプションフロー・モデルを導入し、「いつも消費者に目の前にいてもらう」ことでout of sight（目に入らないこと）を避けることができます。これは消費者中心のアプローチの「仕組み化」です。どの関係者にとっても、最終的には消費者に買ってもらい、満足してもらうことが最重要の懸案事項です。「消費者」という大義があれば、きっとみんなで合意できます。意見の相違が生まれるのは、①目指すべき目的を共有できていないか、②見えているモノや資源が異なるからです。同じ「消費者満足」を目指し、同じ「消費者の視点」を共有するなら、おのずと同意できることは増えるでしょう。上司やマネジメントと議論する際にも、消費者の言葉を代弁することで説明しやすくなります。他部門の意向や、取引先の主張についても、「消費者への影響」という観点から建設的な議論ができます。製品技術の仕様書がモノづくりを、取引先の帳票がお得意先との関係を、財務諸表が財務状況を、組織図が人事計画を可視化するのと同様に、パーセプションフロー・モデルが消費者を可視化します。

3-5 効用④ 先端技術を運用しやすくなる

新たな「兵器」の登場で戦い方が変わる

ＲＭＡ（Revolution in Military Affairs：軍事における革命）という概念があります。革新的な技術が登場することにより、従来では実現不可能だった新しい兵器などが開発され、それらを運用する戦い方や組織にも変革がおよぶ様相を指します。マーケティングでも消費者への働きかけを抜本的に変え、組織改編を促すような技術開発が進んでいます。スマホなどによる消費者のデジタル化に端を発するインターネット関連の広告や施策の隆盛は分かりやすい例でしょう。ＡＩ（人工知能）もビッグデータもＭＡ（マーケティングオートメーション）などのテクノロジーも、そうした影響力をもっています。

具体的なＲＭＡの例としては、戦車の導入による第二次世界大戦の電撃戦や、砲兵の砲撃ではなく航空機による近接爆撃支援などが挙げられます。第一次大戦末期にはじめて戦場に登場したころの戦車は、その威容から敵兵に大いに動揺を与えはしたものの、その数量や技術的困難もあって実質的な戦闘能力は、その印象ほど強いものではなかったようです。第二次大戦で、戦車の機動力を最大限に利用した電撃戦が展開されることで、しだいに陸戦において欠くべからざる兵科となっていきます。初期の火縄銃のような個人用火器、最初期の航空機もそうでした。緒戦からいきなり大活躍したわけでも、必要不可欠な兵器や兵科と認識されたわけでもありません。

実験的な実戦投入が繰り返され、徐々に効果や使い方が理解されていきました。作戦全体の中で、どのような役割を担うことができるのか、どのような必要を満たすことができるのか、使い方の研究や探索の成果として、次世代の主力資源となったのです。

RMAと同様に、マーケティングの新しい技術や手段も、最初は大活躍しなくても、いずれ決定的な戦力差になることがあります。実験投入に際して、投入時期と売り上げの単純比較から「売れたから強力な手法だ」とか、「売れなかったからダメな技術だ」と短絡的な結論を出してしまうことがあります。素早く判断できますが、これでは改善はできません。戦車も航空機も、最初は役立たずだったことを思い出しましょう。自分たちが役立たずと断じた新技術を、競合がうまく使いこなせた場合には、致命的な競争優位を与えることになってしまうかもしれません。

そうした事態を避けるためには、全体の中でなすべき役割を明確にすることで、役割や目的に応じた的確な評価や改善が可能になります。パーセプションフロー・モデルがあることで、新しい技術やサービスを全マーケティング活動のどの部分にあてはめるのが妥当か、消費者の行動やパーセプションへの影響という観点から、見当をつけやすくなります。正当に評価し、改良を加えやすくなるでしょう。

マーケティング活動における革命

新しいマーケティングサービスが提供されているときに、うまく使えるマーケターが市場競争で有利になることは自明です。Revolution in Marketing Activities —— マーケティング活動における革命です。これは、最新技術を追いかけていれば常に有利という意味ではありません。腕前が同等であれば、より新しくより高性能な資源を運用できる側が勝利しやすいということです。場合によっては、腕前が低くても、自分の力ではなく優秀な道具のおかげで勝てる、ということが起きるかもしれません。新しい技術や次世代のマーケティング・ツールを試験的に導入する際には、消費者への影響と全体の中での位置づけをパーセプションフロー・モデルで明示できれば、正しい実験や評価、改良をしやすくなるでしょう。

3-6

効用⑤　知識の収集・蓄積・流通のプラットフォームになる

共通言語の確立とOSの共有化が可能に

パーセプションフロー・モデルの導入は、経験や知識を共有するプラットフォーム（基盤）を構築することでもあります。いわば、マーケティングのOS（オペレーションシステム）ですから、AブランドにもBブランドにも共通基盤として使うことで、経験値の共有だけでなく、異動時の引き継ぎなども円滑にできます。

組織でも個人でも、成長の多くは知識の獲得を通してなされます。成長を「昨日できなかったことが明日できること」と定義したとき、昨日できなかったのに明日できる理由のひとつは「今日、やり方が分かるから」です。つまり新しい「知識」を手に入れるということです。成長については、**コラム#7**を参照してください。

ここでいう知識は、書物から得られる静的な形式知だけではありません。自身の経験から得られる経験値もすべて知識です。さらに、他者の経験から学ぶこともできれば、成長の速度を高められます。Aブランドの失敗からBブランドが学び、Bブランドの成功からCブランドが学ぶことができれば、組織内で同じ失敗を避け、同様の成功を再現できます。これは、複数ブランドを抱えるマーケティング組織の長であるCMOやマーケティング本部長が、必ず考えておかなければならないことです。こうした知識の伝播では、知識を収集し、蓄積し、流通する、という3つの活動を重視すると有効です。そして、いずれの活動でも必要となるのが共通言語です。知識は共通言語で伝播するからです。その共通言語の主要なものは文字通りの言葉や言語体系ですが、標準化されたプロセス（作業の手続き）やフレームワーク（分析などの枠組み）、定型の文書フォーマットなども知識の管理を促すので共通言語の一部と考えられます。

多くの企業では「新商品の市場導入」を進めるための、工程や承認の段階が規定されています。こうした手続きは、標準化されたプロセスです。同じプロセスを使っていれば、Aブランドが過去の新商品導入でつまずいた箇所を、Bブランドの新商品はうまく乗り越えられるかもしれません。市場シェアの分析などには、標準化された分析のフレームワークが導入されていることがあります。そうしたフレームワークがあれば、BブランドとCブランドを比較しやすくなります。戦略の提案やクリエイティブブリーフなど、複雑な記述が必要となるときには、定型のフォーマットがあると意思疎通しやすくなります。プロセスもフレームワークも定型フォーマットも、文字通りの言語ではありませんが、知識の伝播を助けるという意味では共通言語と同じはたらきをします。

パーセプションフロー・モデルも、文字通りの言語ではありませんが、ブランド間の知識の伝播を促す共通言語として機能します。マーケティングの全容を記述できるので、それぞれの活動を通して得られたラーニングを収集するにも、蓄積する枠組みにも、そうした知識の適用箇所を示すにも好都合なプラットフォームとして使えます。マーケティング活動のOSでありつつ、経験値共有のためのOSとしても使うことで、マーケティング組織全体の経験値や知識の管理が改善し、効果的に成長につなげられます。

3-7 効用⑥ 自律的なオペレーションを構築できる

パートナー同士の切磋琢磨がもたらす混乱

共通言語、つまりマーケティングのOSとしてパーセプションフロー・モデルを運用することで、ブランドがそれぞれのパートナーと働きやすくなるだけでなく、複数のパートナー間のダイナミズムを大きく改善できることがあります。相互の意思疎通を助け、それぞれのパートナーが得意な領域で貢献しやすくなるでしょう。ヨーロッパ系のヨーグルトブランドでの実例を示しておきたいと思います。

テレビ広告を担当する広告会社はネット広告も担当したいし、プロモーション施策を担う広告会社が広告業務も引き受けたいと考えることがあります。担当領域の拡大は、追加の発注に直結します。とはいえ、担当領域の過度のせめぎ合いは双方を消耗させ、得意でない領域への無理な拡張はそれぞれの立案や実行に使われるべき資源を浪費しかねません。

実際、自らおかしな計測指標を提案する広告会社もありました。ＰＲ会社が「わが社は、御社の売り上げにコミットしています」と提案してきたことがあります。ＰＲ活動もいずれは売り上げにつながりますが、期待しているのは直接的な売り上げ貢献ではありません。ＰＲ活動には消費者が考える「いい商品」の定義を変えていくために、特定の属性の重要度を上げることを期待しています。例えば、事例で見たように、「部屋のニオイは、布のニオイ」という認識を高めていくのは広報活動がもっとも得意とするところです。広告でも不可能ではないですが、難易度が高めです。別の店頭施策のパートナーからは、「ブランドを構築します」という提案がなされたこともあります。もちろん店頭活動もブランドの活動である以上、店頭でのブランド体験提供に貢献すべきです。とはいえ、もっとも重要な役割は、購入意向や関心をもった消費者に店頭で最後のひと押しをすることです。川上から見ると川下が、川下から見ると川上が、それぞれのパートナーにとって未来の売り上げに見えます。持続的な成長は企業の基本原理かもしれませんが、得意分野の効力を減らしてしまっては本末転倒です。

パートナーごとの切磋琢磨はそれぞれの技量を高めるので有意義なこともありますが、つねに領域を巡ってせめぎ合うのは、そもそもブランドのためにも消費者のためにもなりません。さまざまな広告会社やパートナーのメンバーも含めてブランドチームであるととらえ、全関係者の士気や時間を資源ととらえるなら、できる限り消費者満足とブランドの成長、ブランドチームの強化に投下すべきです。

目的の共有が劇的な変化をもたらした

そうしたせめぎ合いを眺めていて、つねに隣のパートナーの領域への進出を狙っているのは、それぞれの広告会社やパートナーがブランドチームと目的を共有しきれていないからだと気づきました。ひとつのブランドチームとして目的を共有できていなければ、各パートナーにとってのプロジェクトの成功は、クライアントからの発注額に依存します。ブランドが利益を出し続ける必要があるのと同様、受注獲得はパートナー企業の存続のために必要不可欠です。同時に、ブランドの存在意義が利益ではなく消費者に満足を提供し社会に役立つことであるように、広告会社やパートナーの存在意義も受注額ではないはずです。それは、ブランドの成長に関わり、世の中に新しい価値を提案し、クライアントの成長に貢献することでしょう。これは単なるきれいごとではありません。なぜなら、クライアントからの受注額にしか興味のないパートナーを重用するブランドは多くないからです。利益にしか興味のない会社のブランドが消費者に支持されにくい道理と同じです。

そこで、全体像を共有して各々の活動目的を明示するために、関係する全パートナーを招集し、パーセプションフロー・モデルの全容を共有することにしました。モデルの読み方と描き方を学んでもらい、マーケティング活動の全体像を把握し、その中で自分たちの担当領域が消費者との接点の中で果たすべき役割を理解してもらいました。

そうしたオペレーションをしばらく続けると、ひとつの転機が訪れました。ある日、「来年のマーケティングプランの話をしたい」とパートナーの代表から連絡を受けたのです。そこには関連する全広告会社とパートナー企業が含まれていました。マス広告のクリエイティブエージェンシー、メディア担当の大手広告会社、消費者調査会社、ＰＲ会社、パッケージデザイン会社、デジタル広告を扱う広告会社の各社です。

ブランドが数週間前に説明した来期のパーセプションフロー・モデルと各社向けのブリーフをもとに、全パートナーが一堂に会してひとつのプレゼンテーションをしました。消費者のパーセプション変化に沿って、パートナーが入れ替わり立ち替わりプランを提案します。それぞれのスライドには各々のパートナーのロゴがついていますが、プレゼンテーションのファイルはひとつに統合されています。これらの会社間で協議を繰り返し、それぞれのプランの一貫性と全体最適を図ったうえでの提案だということでした。関係する広告会社とパートナーが消費者とブランドを中心に連合し、大ブランドチームとして機能することを示した、とても印象深いプレゼンテーションでした。

こうしたプレゼンテーションをブランド側が指示したわけではありません。パーセプションフロー・モデルとモデルへの理解が、全パートナー企業の自発的な連帯と協働を促したのです。グローバルチームから日本市場への訪問があったときには、この会議に同席してもらいました。「パートナーはお互いに敵同士のようなものだ。複数社が自発的に連合し、全体最適をもたらすなどという例は、いままでどの地域でも見たことがない」と驚いていました。各社の責任者たちによる並外れたリーダーシップやメンバーたちのチームシップがなければ実現しなかったことは言うまでもありません。とはいえ、パーセプションフロー・モデル共有以前には存在しなかった協働体制であるのも事実です。こうした個々のメンバーの協調を効果的に引き出し、自分の担当領域を超えて全体への目配りを促したのは、消費者を中心とした全体像の可視化と仕組み化だと思われます。

専門性の強化とVUCAへの対応にも効果

こうして、それぞれのパートナー企業が自分たちの役割と領域を明示できたことで、もうひとつの変化が起きました。いたずらに領域の拡張を試みるのではなく、それぞれの領域の専門性を高める活動が観察されました。隣の会社の領域から受注を増やすのではなく、自分の領域の貢献を高めることで受注を増やす方向に進みはじめたように思います。新しいパッケージデザインを開発する際に、目新しさだけでなく、店頭での購入のきっかけの役割を担う「おいしさのシズル感」を追求する。サーチにかかりやすいウェブサイトをつくるだけではなく、サイトを見ることで継続して食べたくなる動機づけを提供する、といった具合です。全体像が可視化されることで、それぞれの領域でまだやれることや、もっとうまくできることが見えやすくなります。パーセプションフロー・モデルに示された役割に沿って、もっと大きな成果を出せるなら、追加の発注はありそうです。

こうした協働が進むことで、それぞれが他のクライアントでのプロジェクトにお互いを招へいすることもあったかもしれません。同じクライアントと働くパートナー企業同士という関係の中で、新しい価値の共創につながりました。

こうした自律的な仕組みの構築は、VUCA対応にも応用できます。VUCAというのはVolatility

（変動性）、Uncertainty（不確実性）、Complexity（複雑性）、Ambiguity（曖昧さ）の頭文字をならべた言葉です。もともとは米国の軍事用語でしたが、２０００年代にはビジネスの環境を表現するのにも使われはじめました。取引先の急な方針転換や、国策の変更、天災や疫病、市場の乱高下などがＶＵＣＡの分かりやすい例です。いずれも、予測が困難で不確実、不安定で不透明な状況を指します。

事前に戦略を明確にし、意思決定者や実行者の間であらかじめ共有しておくことで、そうしたＶＵＣＡ環境下でもそれぞれが自律的にものごとを進められます。加えてパーセプションフロー・モデルを明示しておくことで、想定外の事態に直面し、緊急の意思決定が必要な場合でも、パニックや暴走を防ぎ、目的と一貫した、迅速な対応を可能にします。

パーセプションフロー・モデルがあることで、環境などの変化に対してもパニックや暴走を防ぐことができます。また、目的を注視して、迅速な修正や変更を可能にします。撮影現場での不測の事態、店頭施策に関する予期せぬ障害の発生など、その場にいないと判断が難しいこともあるかもしれませんが、パーセプションフロー・モデルが手元にあれば、いちいち責任者にアクセスできなくても、自律的な現場対応で対処することが可能です。

3-8 効用⑦ 競合対策の演習に活用できる

演習を通じて課題や新たな気づきを得る

前述のヨーロッパ系ヨーグルトブランドでは、競合対策の机上演習も盛んになされました。複数ブランドを擁する企業では同様の活動が機能するでしょう。自社の来期の活動に対して、競合からどのようなカウンター・プラン（対応策）が想定され、それに対して自分たちはどのようなカウンター・カウンター・プラン（対応策への対応策）を用意するべきか、といった競争上のゲームプランを考える演習です。ヨーグルト市場の競争環境も激しく、こうした演習は毎年のように行われていましたが、ここにもパーセプションフロー・モデルが有効だったので、その方法を記しておきます。

前述のパートナーからの参加者も含めて、3つのヨーグルトブランドのマーケティングチーム全体でオフサイトミーティングをしていました。これは、来期のマーケティング計画を完成させる最後の段階です。各ブランドがドラフト（草案）をもちより、2日間で完成させるべく、議論します。

手続き①：チーム構成

3つのブランドチーム、ブランドA、ブランドB、ブランドCをブランドごとに赤、青、黄の3つのテーブルに分けます。広告会社などからの参加者も、それぞれもっとも頻繁に仕事をしているブランドのテーブルについてもらいます。全体の人数や知見のバランスがうまく取れるよう、配置を差配します。こうして、ブランド側のメンバーと広告会社などの社外メンバーから構成される3チームができ上がります。

手続き②：プレゼンテーション

それぞれのブランドが、来期の目的とブランド戦略、パーセプションフロー・モデルを30分ほどで説明し、他のブランドからの質問に答えます。質疑応答も入れると、3チームで2~3時間ほどかかります。ひととおり終わったら、休憩をいれます。

手続き③：競合の立場で考える

全ブランドがそれぞれのプレゼンテーションを聞き、質疑応答を経て全員が全チームのマーケティング計画を理解した状態ができました。そこで、席替えです。ブランドAはブランドBが座っていた青のテーブルに、ブランドBはブランドCが座っていた黄のテーブルに、ブランドCはブランドAが座っていた赤のテーブルに移動します。チーム編成は変わりません。同じメンバーで、テーブルを移動します。各チームは移動した先のテーブルに座っていたブランドの競合の役を演じます。ブランドAのチームはブランドBの競合の役です。同じように、ブランドBのチームはブランドCの競合、ブランドCはブランドAの競合の役です。

各チームは競合ブランドとして、先ほど発表された戦略やパーセプションフロー・モデルを理解した上で、これらの企てを阻止する方法を全力で考えます。1～2時間後に全体に発表し、質疑応答を経て、全参加者がそれぞれの「仮想競合からの対応策」を理解します。ここで2回目の休憩です。

そこで発表された策は、実際に競合が採用する策とは異なるだろう、という意見もあるでしょう。もちろん、同じにはならないかもしれません。それでも、すべての内部情報を知った同僚が全力で考えた対応策にさえ耐えられる活動計画なら、競合ブランドの市場圧力にも十分に耐えられそうです。同時に、こうした市場での競合とのやりとりを演習することで、ブランド間の競争に対応する経験値も高められます。

手続き④：仲間にアドバイスする

「仮想競合からの対応策」が理解できたら、再び席替えです。ここでもチーム編成は変えずに、テーブルを移動します。今度は、ブランドAはブランドCの黄のテーブルに、ブランドBはブランドAの赤のテーブルに、ブランドCはブランドBの青のテーブルに移動です。今回はもともとのブランドチームにアドバイスする同僚の立場です。それぞれのチームは、移動した先のブランドが最初に提示

図表 3-1　競合対策の演習の流れ

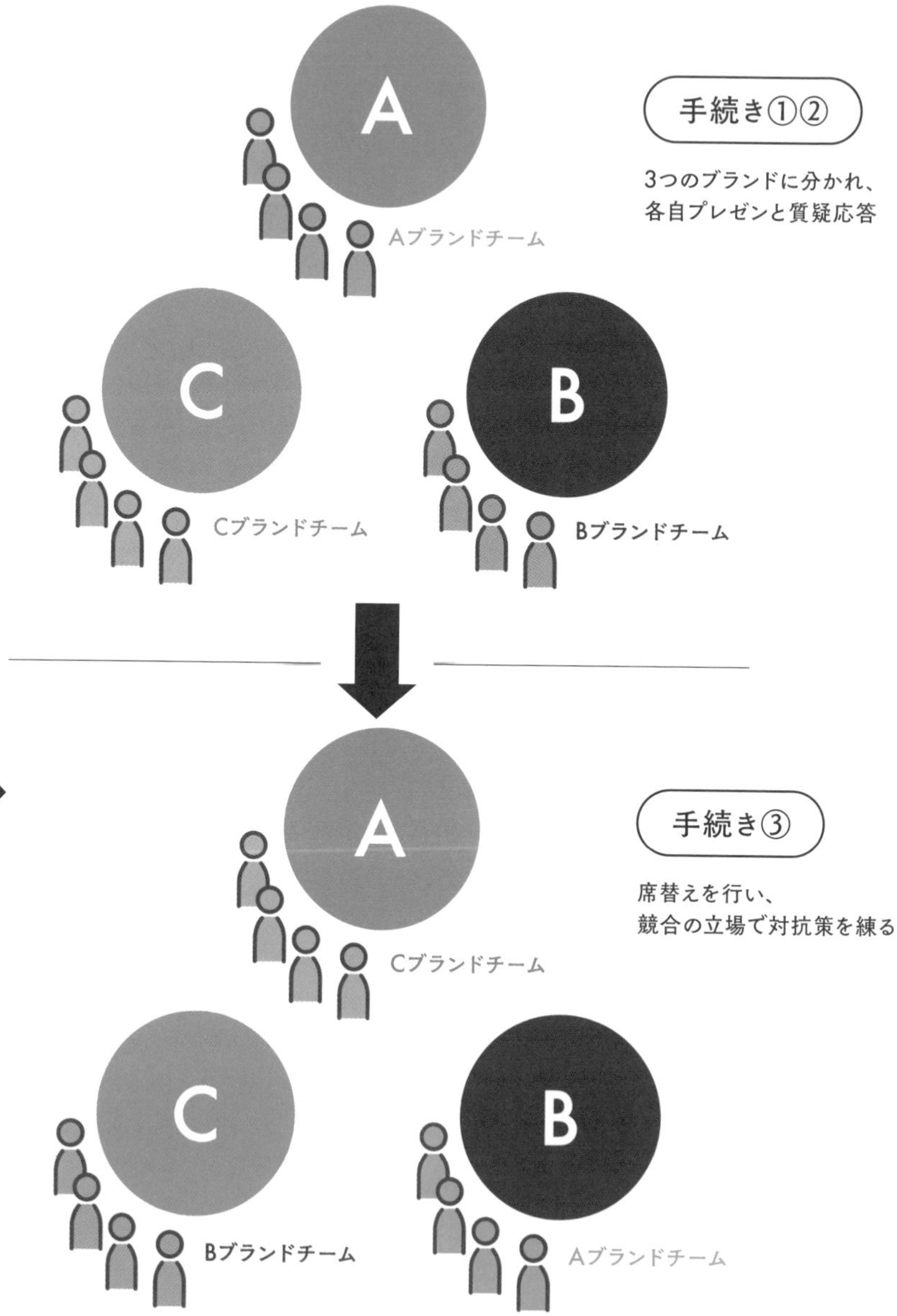

手続き④

席替えを行い、
同僚の立場でアドバイスを
行う

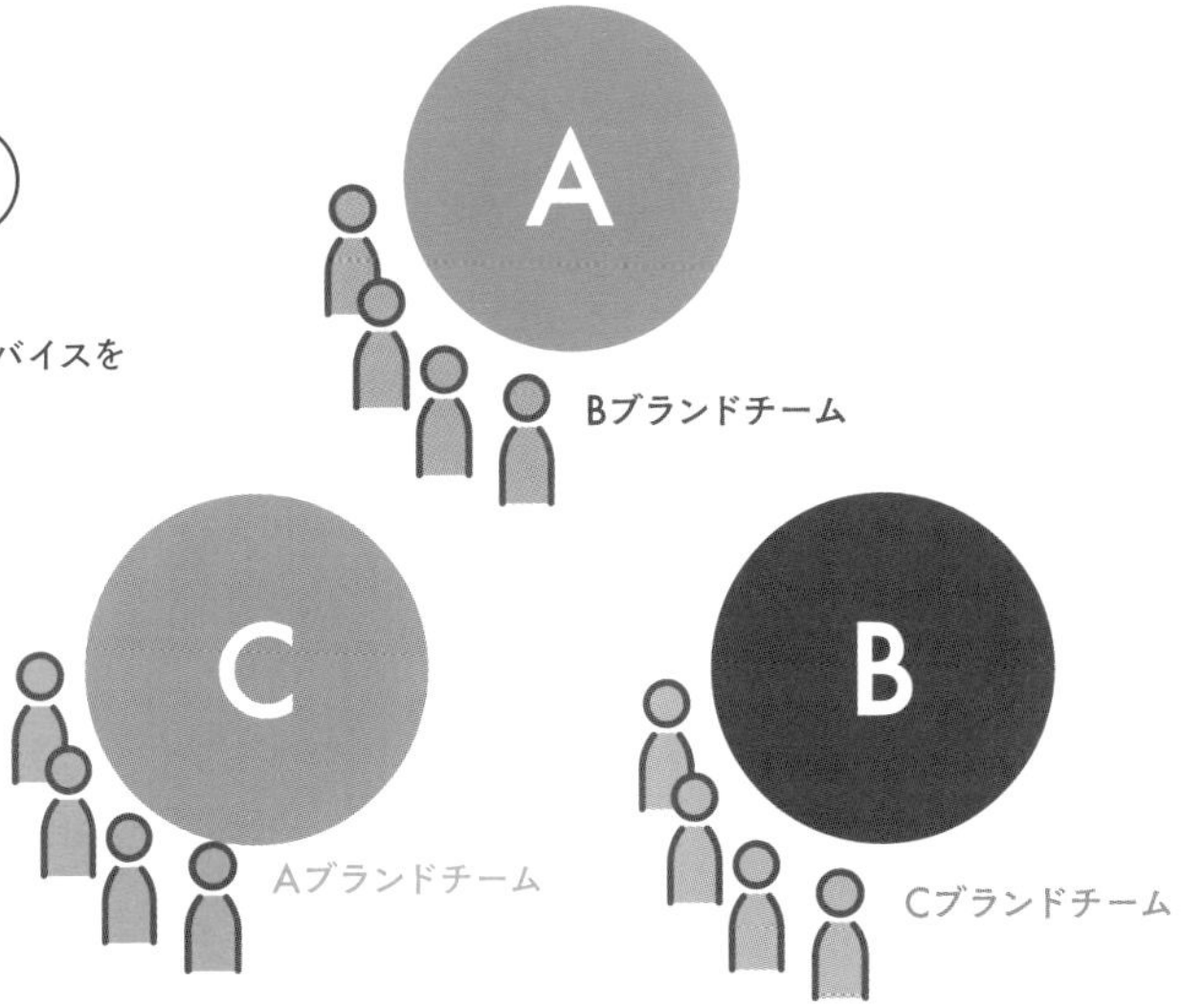

手続き⑤

当初のテーブルに戻り、
改修を行い完成させる

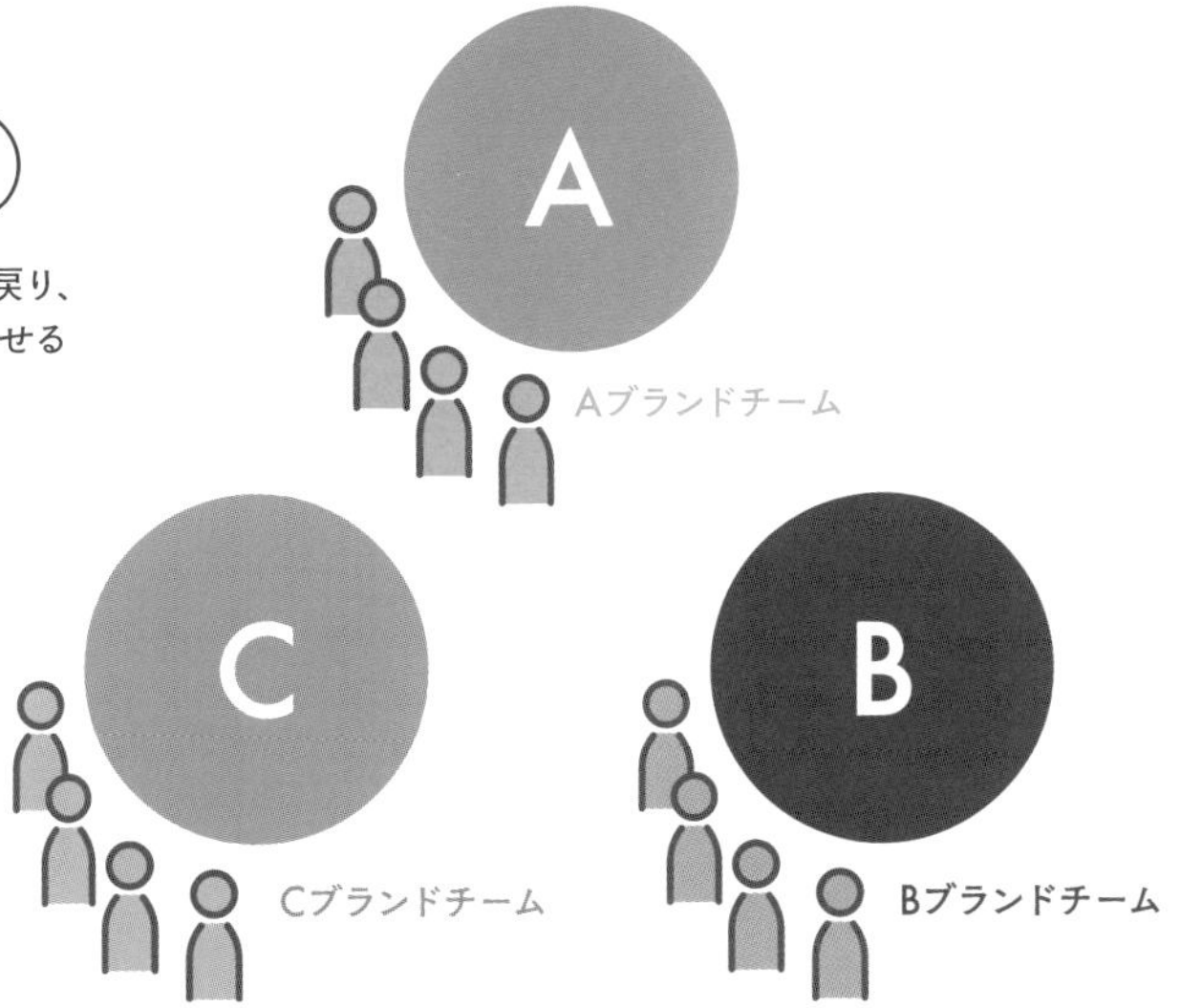

3つのブランドチームがそれぞれ席替えを繰り返し、競合の視点、助言する同僚の視点と立場を変えて他ブランドと関わることで、マーケティング部門全員の知見を各ブランドの施策に取り入れることができる。

したパーセプションフロー・モデルの改善すべき点を修正し、先ほど提示された「仮想競合の対応策」を無力化するアイデアを考えます。ここでも、1〜2時間で全体に発表し、質疑応答を経て、全参加者がそれぞれのブランドへの「同僚からのアドバイス」を理解します。ここで最後の休憩をいれます。

手続き⑤：パーセプションフロー・モデルの改修

最後の席替えです。すべてのチームがもともとのテーブルに戻ります。数時間前とは異なり、全ブランドが「仮想競合の対応策」と「同僚のアドバイス」をもらいました。それぞれ、ちょっとした思いつきではなく、戦略とプランの全体像を理解した上での高品質なアドバイスです。パーセプションフロー・モデルという共通言語にのっとっているので、筋違いや粒度のズレといった不具合はあまり発生しません。ブランドチームはこれらの示唆やアドバイスをもとに、パーセプションフロー・モデルを強化・改善し、完成させます。消費者理解が足りていないのであれば、消費者理解の強化案を提示します。

ここで説明した方法を使えば、隣のブランドを担当する同僚の知見や思考を自ブランドの運用に投入できます。マーケティング部門全員の知見を、それぞれのブランドに利用する仕組みといってもいいでしょう。共通言語としてパーセプションフロー・モデルという仕組みを共有していることで、こうした活動も格段にやりやすくなります。

How to Use

4章

各部門の力を引き出す使い方

全体の中で自身の役割を知れば、それぞれの立場に固有の貢献ができる。

CMOから担当者まで、ブランドチームから製品開発や広告会社まで、ブランドの構築と成長には多くの人が関わります。全員に全体像が見えていることで、自分の役割が相対的に明確になり、すべきことが明らかになることでしょう。

4-1 ブランドマネジャーはこう使う

まずはブランド責任者が使いこなす

本章では、それぞれの立場や部門に応じたパーセプションフロー・モデルの使い方を説明します。パーセプションフロー・モデルを設計・運用するのは、主にブランドの責任者であるブランドマネジャーやブランドディレクターです。3章で解説した特徴や効用の多くは、日々のブランドマネジメントに有意義なものです。また、彼らが指揮するブランドチームのメンバーにとっても身近な道具となるでしょう。パーセプションフロー・モデルを開発し、仔細に参照するのは、①来会計年度の提案や新商品導入など、マーケティング活動全体の設計や各活動を立案するとき、②そうした活動の実行について、社内外の他部門と意思疎通するとき、③活動を振り返るとき、④経験やラーニングを共有するとき、の4つの場面が中心となると思います。

①マーケティング活動全体の設計をするとき

年間の活動全体や新商品の導入計画を立案するときなど、前年実績や過去の導入計画をひな型として利用することも多いでしょう。既存のプランを原型とするのは、社内の知的資源の有効活用といえますが、過去の計画を記述したパーセプションフロー・モデルを参照することで、単なる施策の再利用を超えた立案につなげられます。ターゲット消費者の現在のパーセプションや、新しいベネフィットを反映させることでパーセプションフロー・モデルをアップデートし、精度を高められます。また、競争や変化の激しい市場では、年度の途中で施策が緊急に追加されることがあります。アンバランスなツギハギになりがちですが、計画の全体像を把握しておくことで調和と秩序を維持できます。

②社内外の他部門と意思疎通するとき

可視化された活動の全体図は、他部門や社外のパートナーと協働する際に共通言語として機能します。複数部門が参加するマーケティング活動、製品仕様や価格に関する会議などでは、参加者の個人的な経験や視点、役割や部門に執着した主張がなされることがあります。一人ひとりのプロフェッショナルが独自の視点で発言するのは素晴らしいですが、議論を収束させにくい場合もあります。複雑で大きなプロジェクトでは、あちらを立てればこちらが立たない、といったトレードオフも頻出します。そこで、パーセプションフロー・モデルを共有し、消費者のパーセプションを議論の中心に置くことで、部門間の軋轢《あつれき》やセクショナリズムを超え、力を合わせるきっかけに使えます。

③活動を振り返るとき

パーセプションフロー・モデル上で活動の振り返りをすると、〈パーセプション〉が変化する仕組みや各活動の成果を目的に沿って整理でき、それぞれのマーケティング活動の結果から知識を獲得しやすくなります。経験を知識として蓄積することは、ビジネスの成長にも、組織や個人の成長にも不可欠です。経験を知識として蓄積できれば、いずれ経験そのものを競争優位へと昇華できます。

また、全体を俯瞰しつつ活動を振り返ることで、事前に想定した〈KPI〉の偏りに気づくこともあります。例えば、テレビ広告は「【認知】から【興味】へ」の移行を促す役割を期待されていたものの、実際には「購入後の【満足】」にも大きく貢献していたことが分かるかもしれません。購入後にブランドの広告を見ることで愛着が強まり、使用習慣が促進されることがあります。「【認知】から【興味】へ」の移行だけを観察していたら見逃してしまっていたことも、全体を俯瞰することで新しい知識の発見につなげられます。次回の立案では、広告に新しい役割を付与できます。

④経験やラーニングを共有するとき

経験値やラーニング、ノウハウなどの知見を社内の別のブランドと共有し、将来に残すための共通言語としても、パーセプションフロー・モデルは機能します。そうした知見はカテゴリーやブランドに個別のものと思われがちです。シャンプーブランドのラーニングを化粧水ブランドで使ったり、洗剤ブランドの知見を紙おむつブランドで使ったりするのは簡単ではありません。そもそもターゲット消費者も、ベネフィットも、競合ブランドも異なります。「あれは違うビジネスだから参考にならない」と結論づけるのは簡単です。であるがゆえに、別のブランドの知見も利用できることは、組織の競争優位に直結します。社内の知見の転用は、他社事例などよりも役に立つことが少なくありませんが、ほかのブランドにラーニングを展開するためには、一般化・抽象化して互換性を高める必要があります。パーセプションフロー・モデルを通した振り返りであれば、各段階のマーケティング活動がパーセプションに作用する仕組みを一般化しやすく、共有も容易です。

例えば、「年末の増量パックが5000万円の売上増につながりました」という結果があっても、そのままでは応用が効きにくいものです。ほかのブランドや来年のプランニングに、そのまま適用していいものかよく分からないからです。そこで、年末の増量パックが5000万円の売上増につながった仕組みとして、「40％の消費者は年末に、日用品の家庭内在庫量を平均20％増やしている」などと一般化できれば、他のブランドでも応用できます。

4-2 ＣＭＯ・部門長、マーケティング関係部門はこう使う

ＣＭＯがブランドマネジャーと同じ仕事をしてはいけない

1社で1ブランド、あるいは1カテゴリーを運営する企業ではＣＭＯは大きなブランドマネジャーの役割を担います。ブランドの各活動に深く関与し、直接指揮します。対して、複数のブランドを擁する企業の場合には、ＣＭＯやマーケティング部門長はすべてのブランドの一挙手一投足に入り込むべきではありません。たとえＣＭＯが平均的なブランドマネジャーの3倍の能力をもっていたとしても、10のブランド有しているなら、ブランドひとつあたりに投入できる能力は10分の3＝0・3、つまりブランドマネジャーの半人前以下になってしまうからです。

能力は割ったりするものではない、という考え方もありますが、ブランドあたりに使える時間は確実に10分の1未満になるでしょう。消費者理解も、ブランド理解も時間をかければいいというものではありませんが、10分の1では困難です。ブランドの日々の運営はブランドマネジャーに権限委譲し、

自身は健全な権限委譲が可能になるよう、マーケティング部門全体の組織強化やマーケティング活動のプロセスの改善に注力すべきです。ブランドマネジャーがなすべきことに立ち入るのではなく、ブランドマネジャーではできない貢献が期待されます。ＣＭＯが果たすべき役割を以下に列挙します。

①個々の活動の統括

ブランドマネジャーたちに権限委譲しつつも、全体の売り上げや利益責任をマネジメントメンバーと共有し、マーケティング予算投下の最終的な意思決定や、マーケティングＲＯＩの改善に責任をもつことも多いでしょう。そうしたＣＭＯにとって、パーセプションフロー・モデルは、プランの詳細に分け入ることなく全体を掌握するのに非常に便利です。全ブランドの最新のパーセプションフロー・モデルを携えておけば、各ブランドの目的、戦略と活動計画の全容が一覧できます。個々のプログラムの報告を受ける際にも、全体の中でどの部分の話をしていて、他のどの部分とどのような関係があるのか、即座に思考を巡らせます。どこかで不測の事態が発生しても、全体を俯瞰できていれば対応策がちぐはぐになることを避け、包括的な対策を導くことができるでしょう。

②マネジメント間での意思疎通

マーケティング部門長はＣＥＯやほかの部門長との合意形成に多くの時間を使います。マーケティング活動の概要を説明し、理解と協力を得る必要があるからです。マーケティングを専門としない他部門のリーダーたちがパーセプションフロー・モデルの詳細を理解する必要はありませんが、全ブランドに共通のフォーマットで、消費者を中心に全体を概観できれば、マーケティング活動への理解は深まります。

③ブランド間の知見・ラーニングの共有

Aブランドの失敗からBブランドが学び、Bブランドの成功からCブランドが学ぶことで、それぞれのブランドが1年で得られる経験値を大幅に引き上げられます。各ブランドが1年で学べることは1年分の経験値ですが、10ブランドがそれぞれの経験を共有できれば、単純計算では1年で10年分の成長に値します。現実的に考えても、数年分の成長は不可能ではありません。これが複数ブランドを擁する組織のダイナミックな側面ですし、うまくいけば短期間で経験値量を大きく改善し、組織もビジネスも激変させられます。経験や知識、つまり「うまくいくやり方が分かること」が、組織とビジネスの成長に大きく影響するからです。**前項**でも示したように、パーセプションフロー・モデルを振り返りの枠組みとすることで、組織全体の経験を知識に変えて収集し、蓄積し、流通する効率が高められます。

コミュニケーション領域は全体の理解が重要

タッチポイントが交錯する昨今の環境では、パーセプションフロー・モデルの全域で複数部門が協働することもあります。関係する部門の全員が全体像を理解していることで、全体最適を実現しやすくなります。特に、それぞれの活動の前後の計画が明らかになることで、相互に連携をとりやすくなるでしょう。広告の展開と、広報活動と、店頭のコミュニケーションのタイミングや内容がずれる、といった部門間の連絡ミスによる残念な失策も防ぎやすくなります。ＣＭＯに代表されるマーケティングリーダーは、こうした多部門間の円滑なコミュニケーションに責任をもつことがあります。そうした場合にも、全体像を示すパーセプションフロー・モデルは役に立つことが多いでしょう。

4-3 関係部門（営業・営業企画）はこう使う

店頭は消費者とブランドとの第一の接点

営業部門などが管轄する店頭周りの活動は、パーセプションフロー・モデル上の【購入】や【再購入】のブランド体験に、きわめて直接的に影響します。密接な協働が欠かせません。

ＦＭＯＴ（First Moment of Truth）という概念があります。日本語では、「第一の真実の瞬間」などと訳されます。Ｐ＆Ｇでは２０００年代の中盤には存在した考え方で、当時はエフエムオーティーと発音されていました。対となる概念にＳＭＯＴ（Second Moment of Truth）があります。こちらは「第二の真実の瞬間」で、同じくエスエムオーティーです。最近では、エフモットとかエスモットと読むこともあります。

消費者とブランドの重要な接点には、店頭体験のＦＭＯＴと、製品（使用）体験のＳＭＯＴがある、というのがもともとの考え方です。ＦＭＯＴは営業統括本部が活動の主体となり、ＳＭＯＴは研究開発本部（Ｒ＆Ｄ）が主体となるわけで、一部のブランドチームは憤慨しました。自分たちの管轄がないように感じられたからです。そこでマーケティング部門は店頭に行く前のブランド体験、つまりZero Moment of Truthを担うべきだ、といった議論もありました。私も同調していましたが、それはいささか短絡的だったと反省しています。なぜなら、ブランドチームは「ブランド体験全体」を設計し、実行する責を負っているからです。Zero Momentに特化している場合ではありません。ＦＭＯＴ＝店頭体験は営業と協働し、ＳＭＯＴ＝製品体験はＲ＆Ｄと協働しつつ、ブランドチームが全ブランド体験を総合的に設計し、管理する必要があります。店頭は営業に、製品開発はＲ＆Ｄに任せてしまっていい、ということではないのです。

最近はＺＭＯＴ、すなわちZero Moment of Truthという言葉を耳にすることが増えてきました。店頭体験の前にブランドに関わる重要な「真実の瞬間」がある、という主張です。デジタルを含む各種マスメディアや口コミなども含む、店頭以前のブランド体験全体を広く指します。課題を【認知】し、ブランドに【興味】をもつ段階を示す重要なモーメントで、広告会社や媒体社などと協働します。

ショッパーの気持ちを理解する

そもそも２０００年代にＦＭＯＴやＳＭＯＴといった考え方が出てきた背景には、店頭以前のテレビを中心とした広告コミュニケーションだけでは、【購入】や【再購入】に到達できないケースが出てきたからです。例えば、ある消費者が広告によって洗濯洗剤ブランドＡに【興味】をもち、お店に買いに行ったとします。棚から手にとったところ、隣にちょっと値引き中のブランドＢに気づきます。

「おや、こちらはちょっと安くなっている。これも知っている会社のものだから不安はないし、今日はこっちにしておくか」と店頭でブランドを変えてしまいました。このように、店頭以前の段階で購入意向を高めても、店頭で競合のちょっとした値下げに阻まれる、といった事態が頻繁に発生しています。

この作用について、長期の研究がなされ、明らかにされたことのひとつが、ショッパー（購入者）というメンタリティ（心の持ちょうのこと）です。一時的な「自我」と言い換えてもいいかもしれません。多くの消費者（コンシューマー）は、店頭ではショッパーになります。ショッパーとなったときの特徴的な変化のひとつは、価格差に敏感になることです。毎月買っている洗剤の価格が３５０円でも３７０円でも、家にいるときには、この程度の価格差はほとんど気になりません。自身が考える「いい洗剤」の定義に従い、自分が気に入った洗剤を買おうと考えます。

ところが、店頭ではこの20円差はじつに大きな影響をもたらします。値札が明確に数値化された差を示しているうえに、消費者のメンタリティや自我がすっかり「ショッパー」になっていることが大きく影響します。ショッパーにとっては、「安く買う」ことは絶対的な善のひとつです。「他より安い」とか「今だけ安い」といった属性がとても重要です。つまり「いい商品」を定義づける重要属性に、「お値打ち感」が入ってくるのです。

店舗や流通企業にベネフィットを提供しているか

店頭で最適なブランド体験を創出するためには、まずはそのブランドの配荷が店舗に貢献しなくてはなりません。消費者に強く支持されているブランドなら、未配荷は明らかな機会損失です。必然的に流通からも積極的に支持され定番として定着します。きちんと配荷され、店頭でブランド体験を管理しやすい環境が整います。まだそうなっていないブランドは、配荷が店舗にもたらす貢献を説明しなくてはなりません。利益率の改善かもしれないし、特定の消費者の誘引かもしれません。消費者にとってのベネフィットやブランディングを設計するように、店舗や流通企業にとってのベネフィットやブランディング、つまり「意味」づけを設計しましょう。

「利益率の低いカテゴリーでも高い利益率をもたらしてくれるブランド」、「今後、売り上げが伸びそうなブランド」、「小さな子供をもつお母さんに支持されているブランド」、「多くのお客さんが訪店する理由になるブランド」などいろいろなポジショニングがあります。当然ですが「よく品切れしているブランド」とか「値引きが常態化して、値引きしないと売れないブランド」、「隣の競合店にだけ値引き支援をしているブランド」といったネガティブな意味をもたないよう注意が必要です。定期的に営業担当者などと情報交換し、自ブランドが流通各社からどのように認識されているか、把握しましょう。

店頭活動の注意①：配荷と露出

店頭活動では、営業部門と協働し「買いやすい状況をつくる」ことが大事です。「店頭にない」とか「どこに売っているか分からない」といった状況は回避しなくてはなりません。必要に応じて、配荷してくれる店舗を拡大し、ＥＣなどの新しいチャネルに拡張する、といった対策を考えます。また、よく目につくところに置かれていることも重要です。これらを「配荷と露出」と呼び、店頭活動の重要な指標です。一時的な値引き策を含む店舗向けのキャンペーンや、特定の流通向けに専用商品を提供することなどは、こうした「配荷と露出」を高める手段としてよく使われます。

ブランドやカテゴリーによっては、店頭での露出を高めることで、関心も興味もなかった状態から、一気に購入につなげられることがあります。通常のＡＩＤＭＡなどの階層モデルや、パーセプションフロー・モデルとは少し異なる経路で、Zero Moment of Truthを経由せずFirst Moment of Truthからブランド経験がはじまるケースです。瞬時に消費され、購入に際してリスクの少ない食品や飲料などに頻繁にみられることがあります。店頭で目についた新商品を買ってみて、おいしかったり不味かったりすると、次に買うあるいは買わないためにブランドを覚えます。それ以外のものは、特に気にされることなく忘れられます。上述のように、購入に際して熟考を必要としないカテゴリーや、バリエーションシーキング（固定の商品ではなく、異なる商品を積極的に探索するような購買パターン）の強いカテゴリーでは有効な経路となることがあります。

店頭活動の注意②：お値打ち感の創出

店頭ではショッパーに向けて、お値打ち感をきっかけに購入を促す活動が効果的です。２９８円、３００円、３０２円と並べたとき、それぞれ差額は2円ですが２９８円は断然お値打ちに見えます。

消費税の導入やキャッシュレス決済などにより、こうした金額表記の差によるお値打ち感への影響度は下がっているかもしれませんが、価格もコミュニケーションの一部であり、知覚刺激として利用できることの実例です。

こうした端数価格の効果は、一箱あたりの入り数についても観察されます。1パックに紙おむつが37枚入りと39枚入りではショッパーの認識に大差はありませんが、41枚入りになると優位に「たくさん入っている」と認識の差が出ました。302円よりも298円がずっと安く見えるように、41枚は39枚よりもずっと多いのです。

店頭では多くの消費者がショッパーとして、お値打ち感の影響を受けやすい傾向にあります。価格、入り数の最適化などは中長期の活動ですが、増量や詰め替えといった比較的短期間に実行可能な施策は、お値打ち感を伝達する知覚刺激として有効です。

店頭活動の注意③：店頭でZMOTを思い出す

店頭では、ショッパーの価値観が支配的とはいえ、「このブランドを買おうと思っていたんだった」と、欲しいと思った気持ちを思い出してもらうことで、価格の影響を小さくできます。店頭でのコミュニケーションは店頭マテリアルやパッケージによることが多いですが、販売員や美容部員などの人的販売を用意するブランドもあります。いずれの場合も、ＺＭＯＴのメッセージ内容と一貫性を示すことで、欲しいと思った気持ちを思い出せるよう働きかけましょう。

店頭活動の注意④：きっかけを提供する

ちょっとしたぜいたく品や不要不急のものを買うときには、欲しいと思うだけでは購入にいたらないことも多く、きっかけや口実を必要とします。「いつも発泡酒だけど、いいビールも飲みたいな」という「購入動機」に対して、「今週は特別がんばったし、今日は金曜日だし、たまにはちょっといいビールを買ってもいいかな」という口実を用意できてはじめて購入する、といった具合です。ビールのような価格帯のものから、もっと高額なものまで、購入のきっかけは多くのカテゴリーで必要とされます。店頭活動は、すでに購入意向をもったショッパーに対して、購入時にきっかけや口実を提供できる、ほとんど唯一の接点であることを意識しましょう。**5章4項**の「購入」の項目で、きっかけの種類を詳しく説明しています。

4-4

関係部門（製品開発・デザインなど）はこう使う

製品が意図したブランド体験を提供できているか

ＳＭＯＴにもっとも大きな影響をもたらすのは、製品そのものの使用体験で、【購入】から「口コミ」あたりが主要な領域です。もっとも決定的なのは、多様な感覚器を通して知覚されたブランド体験の提供が【満足】を創出する部分です。

製品に語らせる①：正しく使える

〝Let the product speak.〟という標語を掲げる製品開発チームがありました。これは「製品に語らせよう」という意味です。機能や性能が伝わりやすく、正しく使える製品の設計を目指す思想です。文字や動画による解説がなくても、製品そのものを見ただけで直感的に正しく使えるのが、素晴らしい製品デザインだと説明されました。

例えば、ある大人用紙おむつブランドでは、足回り部分にある防水性ギャザーを従来の白色から青色に変更しました。オムツ交換は手元が暗いところで手早くなされるものですが、本体もギャザーも白では製品の詳細はよく見えません。実際、多くの介護者は使い慣れたオムツにギャザーがついているると知りませんでした。こうした重要なパーツが見えやすい色をしていることで、介護者がオムツを正しく着けやすくなります。色を変えただけで吸収力などの機能には変化はありませんが、この色変更は本来の性能を発揮するために重要な改良でした。製品がみずから正しい使い方を語ったわけです。モノづくりを大事にする日本の企業にも「商品をして、すべてを語らしめよ」と唱えている企業があります。モノやモノづくりを大切にする組織は、洋の東西を問わず似た信条をもつようです。

ブランドマネジメントでは、製品は売り物としてのWhatというよりも、ベネフィットを届けるHowです。モノを開発し、製造し、消費者がモノを買っていく様子をみていると、消費者はモノを気に入っているのだと考えがちです。モノこそが、Whatつまり「消費者が買う対象」であるように見えます。より深く消費者理解を進めると、製品や機能を通して、自身が体感するベネフィットを買っていることが分かります。セオドア・レビットが示したように、ドリルを買いにきた消費者はドリルではなく壁にあいた穴が欲しいのですが、きっとその穴によってなにかいいことが体験されているはずです。その体験がベネフィットです。

製品を含む4Pはすべて、Howつまり「ベネフィットを消費者に届ける方法」ですが、そうしたHowの中でも、製品の影響力は特別に大きく、ほかの3P要素すべてを凌駕するほどの影響を、消費者のパーセプションにもたらします。そもそも、製品性能そのものに裏打ちがなく、好意的な勘違いや誤認にもとづくベネフィットでは、ブランドは長続きすることはありません。同時に、消費者が製品やサービスを正しく使えることも重要です。パーセプションフロー・モデルは、製品が果たすべき役割を知覚刺激として明示できるので、ブランド担当者と研究開発者の共通理解と連携を促すでしょう。

製品に語らせる②：性能を示す

高性能を謳う箇所やパーツには、存在を明示し、意味を体現する工夫があると、ブランド体験に貢献しやすくなります。普段はエンジンフードの下に隠れていても、強力なエンジンのシリンダーヘッドが赤く塗られている、などはひとつの典型です。個性的な音なども効果的です。走らせなくても「高性能なエンジン」を視覚や聴覚で知覚させる仕掛けです。アプリに新しい機能が追加されたのであれば、その部分に目がいく仕組みがあると、改善を感じやすいでしょう。高品質な美容クリームなら、それにふさわしい外箱や色だと気持ちが上がります。製品は、複数の感覚器による包括的なブランドの使用体験を通して、ベネフィットを感じさせる知覚刺激である、と意識することで、気づけることがあると思います。

4-5 関係部門（財務）はこう使う

マーケティングROIの改善に活用

財務や経理といった部門も、パーセプションフロー・モデルを使うことが有益な場面が少なくありません。マーケティングと財務、双方の関心事であるマーケティングROIの改善などは、特に大きな成果を期待できるでしょう。

ROIはReturn on Investmentの略で、日本語では投資利益率と呼びます。投資に対して、どのくらいのリターンつまり利益が得られたのかを示す指標で、利益/投資を%で示すのが一般的です。%をつけずに100%を1・0と認識する表記もあります。マーケティングROIは、そのマーケティング版ですから、通常はR（リターン）を利益とみなして、（マーケティング活動で得られた利益）/（マーケティング活動に投下した金額）を%で示します。ROMI（Return on Marketing Investment）と呼ぶこともあります。マーケティング予算のほとんどが広告費であるなら、ROAS（Return on Advertising Spend）を使う会社もあるでしょう。

「通常はRを利益とみなし」というのは、場合によっては利益ではないこともあるからです。例えば新規に獲得したユーザーは即座に利益にならないことがあります。特にＦＭＣＧ（Fast Moving Consumer Goods）と呼ばれる日用品など、繰り返し消費されるビジネスではこの傾向は顕著です。トライアルの活動だけ切り出すと、単年度のＲＯＩが１００％を割ってしまい、非効率な活動をしているように見えることもあります。今期はなんとしてでも利益目標を必達、といった場合にはトライアル策をやめればブランド全体のＲＯＩも利益率も高くなりますが、来年の種籾を食べているようなもので、長期的には危険です。こうしたブランドの方針を、milking（ミルキング、搾乳）と呼ぶこともあります。搾乳というとのどかな印象ですが、ブランド終了も厭わない短期間の利益回収を意味します。ブランド終了を意図せずとも、近視眼的な方針が結果的にmilkingになり、ブランドが滅ぶのは残念なことです。

こうした誤った判断を避けるために、Ｒを利益ではなく売り上げとしたり、長期的な影響を考慮するために複数年分の利益で計算したり、獲得ユーザー数や再購入数で示したり、人数に平均ＬＴＶ（Life-time Value、顧客生涯価値）をかけて金額化し直したり、ビジネスモデルや利益の構造によって考え方はいろいろあります。肝要なのは、マーケティングに使った費用や投資の成果を数値で把握できることです。

マーケティングＲＯＩを、マーケターのスキル評価の指標として使うこともあります。売り上げや利益よりもマーケティング能力が端的にあらわれるでしょう。物量にまかせて勝ちにいくことが重要な局面もありますが、寡兵でうまく戦う能力が要求される場面もあります。いずれの場合も、より大きな目的をより少ない資源で達成できれば、マーケティング戦略の洗練とマーケターの貢献だといえます。重要なことに、マーケティングＲＯＩの継続的な改善も、経験値や知識の蓄積に大きく依存します。こうした知識収集のプラットフォームとしてもパーセプションフロー・モデルはうまく機能します。

財務部門もマーケティング活動に発言しやすくなる

マーケティングにはプロフェッショナルなスキルセットが存在し、相応の専門性が必要です。それは料理に似ているところがあるかもしれません。高い評判のレストランの料理に「塩気が足りない」などと批評したりすることがあります。実際、卵を焼くくらいのことは、多くの人にとって文字どおり朝めし前です。料理人が焼く卵と素人が焼く卵は、ちゃんと比べてみれば違いがありますが、素人が焼いた卵でも、食べられないくらい不味いことはほとんどありません。マーケティングも似たようなところがあります。誰でもそれなりにできてしまうのは、特定のマーケティング部門なしで運営できている企業がたくさんあることからも分かります。消費者として多くのマーケティング活動を見聞きしているので、専門家でなくても活動や施策に口を出しやすいのも事実です。

新しい施策の社内発表に際して、そのタレントじゃなくてあのタレントの方が好きとか、この色じゃなくてあの色が明るくて素敵といった会話がはずむのを聞いたことがあるでしょう。活動や施策の一部分を切り取って好き嫌いを論じることは日常茶飯事です。まれに目を見開かされる意見を聞くこともありますが、多くの場合は双方にとってあまり建設的な時間でもありません。神が宿るべきディテールは、コミュニケーションやデザインなどそれぞれの専門分野を熟知したプロフェッショナルが、全体最適を意識しつつ勘案するべきでしょう。

では、マーケティングの素人である財務担当者はマーケティング活動に対して黙っているべきか。決してそうではありません。多様な集合知をうまく使う、という観点からも、財務に限らずまわりの部門のメンバーの知見を使える組織の方が強力です。そのためには、ひとりの消費者としてのコメントではなく、それぞれの専門性を活かしたコメントが期待されます。

パーセプションフロー・モデルを見れば、消費者とマーケティング活動全体を俯瞰できます。タレントやパッケージの色といった分かりやすいディテールに惑わされることなく、全体像をとらえやすくなっています。主観的なタレントの好き嫌いよりも、契約期間や費用に対して、期待する影響力や成果といった客観的な議論を可能にします。パーセプションフロー・モデルを介在させることで、「当期の利益と当期の投下金額の比較」という短絡的なROIではなく、各活動の目的や役割にもとづいた検証や、今後の改善を見通した有意義なROIを議論できます。客観的で冷静な財務担当者の視点を借りて、マーケティング活動の効果と効率を高められるのは幸いなことです。

4-6 広告会社やパートナー企業はこう使う

なぜ広告会社との議論が空疎になるのか

ある大企業から、次のような依頼がきたことがあります。「何十年も続いているブランドで、毎年新しいテレビ広告をつくっているけれど、ビジネスは全体的に下がり気味だ。広告はずっと同じ広告会社でつくっていて、自分たちではやり方が正しいかどうかよく分からない。ついては広告会社との会議に同席して、改善点などあればアドバイスをして欲しい」。子供の頃から知っているようなブランドで、確かに多くのテレビ広告を放映し続けています。

初回の会議で、クライアントのブランド担当者が、ビジネスの現状や今回のテレビ広告の目的を広告会社に説明しました。「全ユーザーの70％を、ユーザー平均の半分量以下しか使わないライトユーザーが占めています。そこで、ライトユーザーの半数が毎日使ってくれるよう、ルーチン使用を促すのが今回の目的です。毎日使うことで得られるベネフィットの素晴らしさを理解できる広告が必要です。商品は彼らの家にあるので、新たに買ってもらう必要はありません」

広告会社からはアカウントとクリエイティブ、ストラテジックプランニングなど大勢の参加者がありましたが、彼らからは質問も意見ほとんどありません。「では次回提案をお持ちします」と会議が終わりそうになったので、広告会社に質問してみました。「どのようなテレビ広告をつくればクライアントのニーズを満たすことができますか？」

大所帯を仕切っていたストラテジックプランニングのリーダーが即座に、堂々と答えました。「つまるところ、ブランドの独自価値を消費者に分かりやすく伝達する、ということですね」。うっかりするとまともな回答のように聞こえますが、中身は空疎です。ほとんどの広告は、ブランドの独自価値を消費者に分かりやすく伝達するので、間違いではありませんが、このプロジェクトに固有のものでもありません。回答の真意を理解するために質問を続けました。「確かに。では、このプロジェクトで伝えるべきブランドの独自価値とはなんでしょう？」

「独自の価値には独自成分による製品性能が重要です。それを、消費者の言葉で表現します。新しいタレントも提案するかもしれません」。ふたたびそれらしい言葉が連なっていますが、やはり空疎です。ブランドの独自価値は、独自の成分や性能に立脚していることが多いでしょうし、消費者が受け入れやすい言葉で語るべきです。新しいコミュニケーションですから、新しいタレントの提案もありそうです。いずれも今回に限ったことではありません。ライトユーザーも、毎日使うことも、そこで得られるベネフィットも、重要な点がすべて抜けています。クライアントの意図も広告の役割も伝わっていないので、新しいタレントのキャスティングに全力で集中しかねません。

目的が共有されていなければ効果は上がらない

一部の広告会社は「制作する広告の目的を理解する必要がある」という認識をもたないことがあります。長らく「ブランド独自の成分や機能を消費者の言葉で新しいタレントが話す」広告をつくり続けてきたのかもしれませんが、それは目的ではありません。「新鮮な卵で卵焼きをつくる」というのは料理の作業であって、目的ではありません。その卵焼きをつくることによって、健康的な朝食をとるのか、愛情たっぷりのお弁当で子供を応援したいのか、あるいは自分の料理の腕を披露したいのか。いかに卵を焼くかではなく、なんのために卵を焼くか、が目的です。今回は「ライトユーザーに毎日使うことで得られるベネフィットに興味をもってもらう」ことが目的です。

クライアントは、広告会社の理解をこのような質問で確認したことがありませんでしたから、自分たちの意図がまるで伝わっていないことに驚きをあらわにしました。とはいえ、なにが問題か分かれば半分解けたようなものです。目的も分からず、それっぽい広告を続けていれば、ブランドが衰えるのも不思議ではありません。広告会社と目的を共有できれば広告の制作方法も内容も改善できるでしょう。こうした状況下でも、パーセプションフロー・モデルが役に立ちます。今回のクライアントは目的を明示していますが、プロジェクトの背景や経緯の説明に終始し、「という新商品の導入があるので、広告と施策の提案をお願いします」といった丸投げのオリエンテーションをするクライアントもあるでしょう。それでは、広告会社にとっても、全体像を理解し自分たちの役割を判断するのが難しいと思われます。

ことテレビ広告については、出稿量そのものが店頭の活動を刺激することも知られています。テレビ広告全盛の時代の名残のように、広告出稿を理由に店頭の露出を高める商談をすることがあるからです。この場合、広告を止めれば店頭の露出が落ちて出荷が下がるのであたかも広告が機能していたかのように見えますが、実態は店頭刺激策のひとつにすぎません。店頭の刺激は重要ですが、高額な広告である必要はありません。

こうした使い方では、テレビ広告の出稿量は店頭露出のための「費用」だと理解できます。対して、コミュニケーションの内容がベネフィットを訴求し、消費者の記憶に蓄積していけば「投資」的に持続する効果を期待できます。去年の広告が記憶に残っていれば、それは今年のマーケティング資源として使えます。同じ10億円のマーケティング予算でも、店頭刺激の「費用」として消費してしまう10億円と、半分が消費者の記憶にとどまる「投資」としての10億円では、翌年以降の価値がまったく異なります。今年も同じ10億円のマーケティング予算があるとき、「費用」の使い方しかしてこなければ、期待できるのは今期分の10億円だけですが、「投資」として蓄積する使い方をしてきていれば、今期分の10億円に加えて記憶の中の5億円分が使えるので、合計15億円相当のマーケティング圧力を運用できます。自ずと結果に差が出ます。

テレビ広告の出稿量とブランドの出荷量というふたつの現象の、単年度の直接的な相関だけ眺めていると、店頭刺激の「費用」的な使い方と、消費者の記憶に残る「投資」的な使い方の区別はつきにくいものです。結果、店頭刺激の非効率なテレビ広告を止められなくなってしまいます。この事例では、出荷量による出稿量の正当化もなされていました。こうした活動が最適でないことを指摘できる広告会社なら、きっとクライアントから信頼されるでしょう。

ブリーフィングの改善で課題解決

こうした事態を防ぐために、重要なのがブリーフィングです。パートナー各社にプロジェクトを依頼する際には、必要となる工程です。こうした工程は、日本企業ではオリエンテーションを呼ばれることが多いかもしれません。ブリーフィングとオリエンテーションは、クリエイティブをつくりはじめるときや広告会社の選定前など、よく似たタイミングで行われます。内容が多少異なるケースも散見されますので、詳細は**5章8項**でブリーフの説明をしているので、参考にしてみてください。

ブリーフィングでは、プロジェクトの背景に加えて、達成すべき目的が明示されます。認知を確立したいのか、トライアルが欲しいのか、そのクリエイティブがある場合とない場合の差が目的です。パーセプションフロー・モデル上では、パーセプションの変化として示されるので、ブリーフに添付されることで活動全体の中での役割が理解しやすくなり、より効果的な提案につながります。

長い年月をかけて苦楽をともにすることは、ハイコンテクストで「阿吽の呼吸」を伴う協働関係に寄与し、心動かす絶妙なクリエイティブ作品に結実することもあるでしょう。ブリーフィングの技術を高めることで、そのような阿吽の呼吸に欠けるローコンテクストな状況下、つまり新結成のチームでもクライアントの期待を超えやすくなります。ブランド側にとっては、新しいパートナーを採用しやすくなるのでブランドチームの能力強化の選択肢を広げられます。パートナー側からみると、クライアントの幅が広がることにつながります。

また、広告会社でリーダーシップを発揮するアカウントエグゼクティブがパーセプションフロー・モデルに習熟していると、広告会社内の作業効率が大きく改善します。目的があいまいな指示による作業や、効率を下げてしまうやり取りの往復を大きく節約できるからです。

3章7項のヨーグルトブランドの事例のように、前後の活動を担当する同業の広告会社とうまく意思疎通をすることができれば、継続的な協働の機会も生まれやすくなります。また、複数の広告会社やフリーランスのプロフェッショナルなどとの協働が得意な広告会社は、クライアントにも協働者にも心強いものです。

すべての活動や広告会社に対して、漠然と「シェアの改善と売り上げの向上」を求めるクライアントも存在します。それは、個々の活動の全体への貢献が見えにくいことに起因するのかもしれません。パーセプションフロー・モデルにのっとった活動計画の立案や実行を通して、それぞれの活動や施策の、固有の貢献を可視化できます。各広告会社やパートナーの評価方法にも影響する重要な可視化であると思われます。

4-7 BtoB領域への応用

BtoCのビジネスと本質的な違いはない

近年ではBtoBビジネスでもパーセプションフロー・モデルの利用実績が増えています。

BtoCといっても、多くはブランドと消費者のあいだに流通業者が介在し、BtoB的な側面をもっています。それに、すべてのビジネスは固有特殊なので、BtoCとひとつに括っても実情はさまざまです。洗濯洗剤と化粧品は意外と似ているという話もあれば、化粧品の中でもメイクとスキンケアは大きく違うという考え方もあります。BtoCがさまざまであるように、BtoBも一様ではありません。BtoBかBtoCかという形式的な違いは、産業の統計では便利でも、マーケティング活動を考えるときには有用でないこともあります。

マーケティングが「いい商品」の定義を新しく提案して「市場創造」し、ブランドマネジメントがベネフィットを中心に、人格（パーソナリティ）や大義（パーパス）を含めた「意味」を構築していきますが、こうした考え方は多くのBtoBにもそのまま適用可能です。「いいITシステム」や「いいマーケティングオートメーション」あるいは「いい広告会社」の定義を新しくすることで、それぞれに市場創造が起きています。

例えば「いいＩＴシステム」を定義づける重要属性は、ユーザーの使いやすさ、セキュリティの安全性、導入費用、保守管理費用、システムの発展性、などいろいろな確度から規定できます。既存市場の重要属性に自社の提供物を合わせるのではなく、自社の強みに市場が同調したときに市場のリーダーになるという仕組みは、ＢtoＣ、ＢtoＢを問いません。新しいＩＴシステム導入計画がはじまったときには「セキュリティの高さ」を最重要の属性と考えていたけれど、発注時には「初期費用の安さ」になり、導入後には「ユーザーの使いやすさ」が最重要だと変化していくことがあります。状況によって「いいＩＴシステム」の定義が変化することは、ＢtoＢでも「いい商品」の定義が変化することを示しています。

ある大学のＭＢＡクラスに招かれて講義していたとき、実務家の学生から「ＢtoＣとＢtoＢのマーケティングは同じか、それとも異なるか」という質問を受けたことがあります。答えを考えていると、教授が助け舟を出してくれました。「同じでしょう。いずれも、人間の仕業です」。至言でした。ＢtoＣの実務でもＢtoＢのコンサルティングでも、両者の間に本質的な差はないと実感するのは、つまるところ「人間が購買の意思決定している」からです。Business-to-ConsumerとかBusiness-to-Businessと記述すると、活動の主体は企業と消費者、企業と企業のように見えますが、実際はいずれも「人間」です。ＢtoＣとＢtoＢでは、具体的な接触手段に違いがありつつも、「人間の認識の変化を促す」点は同じです。一部のＢtoＢでは、購買担当者ではなく発注のアルゴリズムが意思決定をしていることがあります。こうした場合には、パーセプションフロー・モデルとは異なるアプローチを採る必要があるでしょう。

BtoBのビジネスにおいては、マーケティング部門の主要な役割はリードの獲得とされていることがあります。獲得したリードをインサイドセールスにつないで案件化し、それぞれの案件について営業がはたらきかけて受注し、成約後はクライアント満足を担当する部門がフォローアップや継続受注を促す、という段階ごとのモデルで運営するBtoBも多くあります。成約までの各段階を可視化し、KPIを設定して分析することで、効果も効率も改善するという考え方です。

こうした段階をたどる考え方と、パーセプションの変化を可視化するパーセプションフロー・モデルは相性がとてもいいことが分かります。クライアント担当者のパーセプションの変化を、パーセプションフロー・モデルで描きます。リードを通して確立しておくべきクライアントのパーセプション、インサイドセールスや営業が促すパーセプション、最終的には持続的な利用につながるパーセプションを理解した上で、知覚刺激として各種のプロモーションや営業活動を配置します。効果と効率の検証をしつつ、全体の活動を最適化できるのはBtoCでパーセプションフロー・モデルを運用するのと同様です。

意思決定に影響を及ぼす「自我」の違い

BtoCの消費者も、BtoBの購買担当者も、知覚刺激を受けてパーセプションが変化する仕組みはよく似ています。ただ、大きく違う点が「自我」です。また、自我と関連して、他者との関係も異なります。購買への「自我」の影響は大きく、ベネフィットの感じ方も異なります。子供の成長に気を遣う母という自我と、夫の健康を気遣う妻の自我では、選択や購買の行動に違いが出ます。

BtoBでは、購買担当者の「自我」は社内の役割・立場です。前述のITシステムの購買であれば、上司の「部下」であり、部下の「上司」であり、システムを使う社員の「IT部門の同僚」であり、財務部門に購入の承認をもらう「購買部門の担当者」です。どの自我が、購買意思決定に大きな影響をもたらしているか、見極める必要があります。影響力の強い自我は、それぞれの段階で異なるかもしれません。ITシステム導入を指示された「上司の部下」として商談を受け、提案し、成約に際しては「部門の代表」として財務部に説明し、導入後には「システムの責任者」としてシステムを使う社員の満足度などを気にするといった具合です。意識する関係者も異なります。最初は上司、ついで財務部、最後にシステムを使う社員です。それにつれて、重視する属性も変化するでしょう。これはひとつの例なので、順番が前後し、違うプレイヤーが登場することもありますが、ひとりの担当者の中で、自我と関係先が変化することが分かります。

組織の力学などが強く働いているときには、関係する全員の自我が「部下」的になることがあります。彼らが理解しやすい説明というのは、彼らが自分の上司に説明しやすい説明です。この状況を「説明責任の連鎖」と解かれたことがあります。こうした場合には、伝言ゲームでも劣化しにくい、分かりやすく頑強な説明が必要です。説明の連鎖はBtoCではあまり発生しませんが、大規模な組織の場合には、連鎖する「自我」に配慮したパーセプションフロー・モデルの構築が必要となることがあります。

How to Develop

5章

パーセプションフロー・モデルのつくり方

買わない理由をなくしても、
買う理由にはならない。
そして、買う理由は
欲しい理由とは異なる。

調査で得られる「買わない理由」をどれだけ減らしても、消費者が買うことはありません。本当の理由は、そもそも欲しいと思っていないからです。そして、欲しいだけでもなかなか買うことはありません。買うきっかけがあって、はじめて買おうという気になるのです。

5-1 誰が、いつ、どのようにつくるか

ひとりでつくるか、チームでつくるか

本章ではパーセプションフロー・モデルのつくり方について説明します。項目ごとにチェックリストを用意したので、開発時の手引きに使ってください。

CMOが主導してつくる

単一の商品ブランドがそのまま企業ブランドとなっている形態の企業では、CMO（最高マーケティング責任者）は、実質的に企業ブランドのブランドマネジャーとして機能します。組織によってはCEOなどが兼務するかもしれません。こうした企業では、CMOが主導してパーセプションフロー・モデルをつくるのが有効です。CEOや他部門長の参加を促すことで、視点が増え、会社全体で投入可能な資源を最大化し、全部門間で共有しやすくなります。

ブランドマネジャーが主導してつくる

複数のブランドを擁するブランドマネジメント制の企業では、ブランド活動の多くがブランドマネジャーやブランドディレクターといったブランド責任者に任されます。パーセプションフロー・モデルについても、ブランド責任者が開発、運用するのが組織構造やオペレーションの仕組みに適合しやすいでしょう。

ワークショップでつくる

ブランドの経緯や消費者を熟知し、マーケティング活動にも通暁した経験豊富なブランドマネジャーであれば、自ら設計する、あるいはブランドチームだけで構築することもできます。ブランドに関係するメンバーの多様な視点と集合知をうまく活かすなら、ワークショップ形式での開発が効果的です。関連部門の担当者が集まることで部門を超えて共有、実行しやすいという作用もあります。

ワークショップを機能させるためには、参加者の人選も重要です。主導するブランドマネジャー本人に加え、ブランドチームのアシスタントマネジャーをはじめ、次のようなメンバーが参加すると有意義です。消費者調査部門、メディア部門、製品開発部門のブランド担当、営業や営業企画部門のブランド担当、SNSやホームページなどのデジタルやデータ関連の担当、加えて広告会社のアカウントエグゼクティブやクリエイティブ、ストラテジックプランナーなどが標準的です。全員必須というわけではなく、組織や状況に応じて人数を加減してください。有意義な議論のために、全員が発言し、貢献できる範囲の人数に抑えることが肝要です。

承認を得ておくことも重要

通常は、複数の部門や組織を巻き込む複雑な活動計画を立案する際にパーセプションフロー・モデルを作成します。代表的なものとして、①年間や半期の計画提案、②新商品や改良品の導入計画立案、③複数部門を巻き込む大規模な施策広告キャンペーンの計画立案など挙げられます。また、②のように製品開発が関わるときには、パーセプションフロー・モデル上の要請に応じて、製品の設計にインプットできるプロセスなどがあると、消費者を中心とした全体最適につながる製品開発を実現できます。

パーセプションフロー・モデルは、ブランドの「売り上げ」を大きく左右するマーケティング諸活動の全体設計図であり、ブランドの「利益」に直接影響するマーケティング投資や費用の使い方を示唆します。有効に運用するためには、売り上げと利益の責任者が完成したパーセプションフロー・モデルを承認していることが重要です。

ＣＭＯやＣＥＯがブランド戦略を承認するプロセスをもつ組織なら、戦略の具体化であるパーセプションフロー・モデルについても承認を得ておきましょう。５０００億円以上の大きな企業でも、マーケティング活動への関心が強いＣＥＯであれば、承認を得ておくと安心です。状況報告や、他ブランドへのラーニングの展開の際にも議論の土台や根拠として有意義です。

また、パーセプションフロー・モデルの巧拙によって、マーケティングROIは大きく変化します し、継続的な改善も期待できます。CMOやブランドマネジャー以外の、財務関連の責任者などがマーケティングROIを評価指標にもっている場合、承認のプロセスに加えることもあります。

CHECKLIST

□いまから開発するパーセプションフロー・モデルが対象とするブランド、プロジェクトあるいは展開期間は明確ですか。
□パーセプションフロー・モデルの作成と実行を主導するのは誰ですか。売り上げや利益の責任をもっていますか。
□作成メンバーを決めましたか。どのような役割で参加しますか。
□誰の承認が、いつまでに必要ですか。
□ワークショップを行うのであれば、ワークショップの責任者は誰ですか。

5-2

パーセプションフロー・モデルの材料

ブランド定義書、ブランド戦略を完成させておく

パーセプションフロー・モデルの開発に取り掛かる時点で、①ブランドホロタイプ・モデルなどのブランド定義書と、②ブランド戦略が完成している必要があります。同時並行で作業することも可能ですが、手戻りなどが起きて非効率です。オフサイトミーティングなどで一気に全部を完成させる場合でも、ブランドホロタイプ・モデル→ブランド戦略→パーセプションフロー・モデルという順番に従うと、効率的に作業できます。この2点の文書に加えて、以下の準備があると有益です。

パーセプションフロー・モデルの材料①：ブランドについての理解・知識

ブランドホロタイプ・モデルに示されているベネフィットや、ベネフィットを実現するための機能や性能について、関係諸部門と協働して十分に理解しましょう。消費者が解決したい問題や課題が発

生する経緯、消費者のブランドについてのパーセプション、製品やサービスが機能する仕組み、製品性能や消費者評価に加えて物流や製造なども含めた競合との違いや強み弱み、などを包括的に理解します。

パーセプションフロー・モデルの材料②：消費者についての理解・知識

ブランドホロタイプ・モデルに示されているターゲット消費者の、現在の行動とパーセプション、各接点で受け取っているメッセージや経験などの知覚刺激、接触しているメディアなどを理解しておきます。これから知覚刺激に対する消費者の反応を描いていくので、ブランドからのメッセージに対する消費者の反応の仕方や理由、行動に影響するインサイトなどの理解はきわめて重要です。質的・量的な消費者調査だけでなく、日常生活でも人々を観察するなど、人間理解を意識しましょう。認知心理学、社会心理学、行動経済学、脳科学などの知見は、基礎的なレベルの知識でも有益です。ロバート・チャルディーニの『影響力の武器』などのテキストは入門に好適です。

パーセプションフロー・モデルで議論される知覚刺激の多くは、直接間接にブランドに関わる体験です。それらのブランド体験を通して、ブランドに強い愛着を感じてもらうためには、感情を動かし、感動をもたらす働きかけが有効です。そこで、経験的に重視してきた、感動に関係する3つの考え方を示しておきます。

［感動の仕組み①］人と人の間

ご自身が感動した映画やドラマ、ゲームや広告などのストーリーを思い出してみてください。それは人と人の関係にまつわる話ではないかと思います。誰かと誰かの関係がいったん悪化するけれど改善する話、誰かと誰かが関係を保つためにお互い努力する話、あるいは複数の登場人物の複雑な人間関係の変化を描写する話、などが典型です。

人間を人の間と書くように、人々にとってほかの人や社会との関係はとても重要です。そして、われわれは人間関係の変化を目の当たりにすると感動するようです。花を買う男性を見ても、それだけでは心が動くことはありません。でも、その花は妻の誕生日を祝うためで、彼は長く留守にしていましたが、お互いのさまざまな努力や幸運に恵まれて、ようやく訪れた日なのだと知れば、少し心が動きそうです。しかも、家にはまだ彼が会ったことのない幼い子が待っていると知れば、さらに心を動かされるかもしれません。この男性は、いまやどこかのだれかではなく、久しぶりに家に帰って妻と再会する夫にしてはじめて子に会う父です。その彼が家族に持ち帰るための花を買うのを見ると、心が動きます。同時に、その花は妻の誕生日を祝い、ふたりの再会を祝し、はじめて子に会う日を彩る少し特別な花となりました。こうした作用は、花に限ったことではありません。ほかの多くのブランドも、人と人の関係の間に立つことで、感情に関わることができます。

「ブランドと消費者の関係」というと、消費者とブランドの直接的な関係を思い浮かべがちですが、自らを消費者として振り返ると、そのような関係のブランドはほとんどないことに気づきます。消費

図表5-1　消費者とブランドとの関係

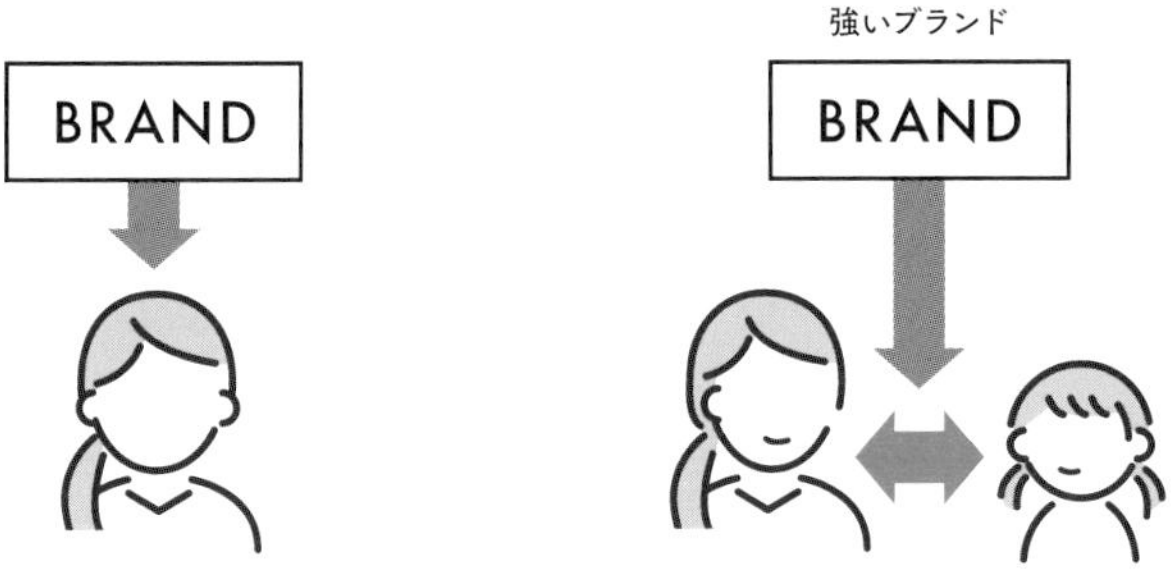

強いブランドは個人と直接結びついているのではなく、
大事な誰かとの間に存在している、と考えると分かりやすい。

者は、ブランドと特別な関係をもちたいと望んでいるわけではありませんが、大事な誰かとの関係についてはいつも考えています。そうした大事な誰かとの関係に関わることのできるブランドは、強い感情とともに愛着をもたれやすいでしょう。大事な誰かとの大切な時間に貢献するブランドは、きっと大事なブランドです。それは、前述の花のように記念日の特別なアイテムだけでなく、毎日のビールや洗剤でも同様です。人と人の関係の間にブランドを確立するためには、消費者がひとりでブランドに向かい、消費しているというよりも、大事な誰かとの関係の中でブランドを使用し、楽しみ、味わっているのだという視点で観察することで、理解が深まると思います。

コラム#4「ベネフィットの類型」で消費者が感じることのできるベネフィットを3つの類型に分類しているので、参考にしてください。

図表 5-2　期待と満足の関係

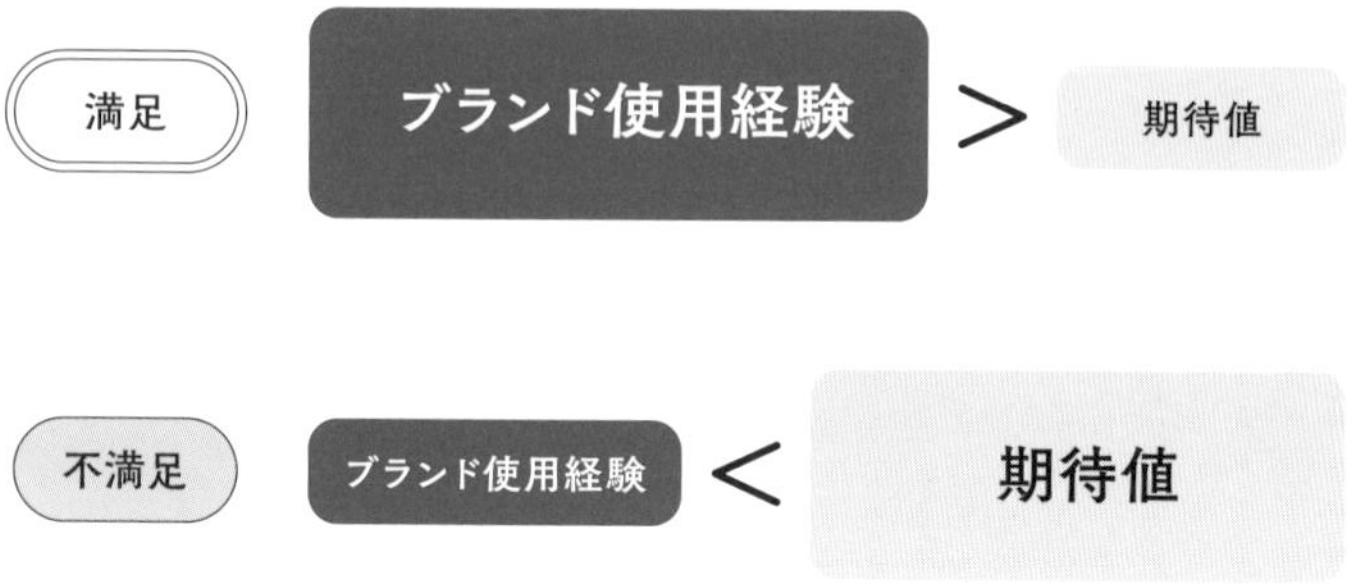

ブランド使用経験が期待値を上回るか否かで決まる。

【感動の仕組み②】期待と満足の関係

パーセプションフロー・モデルが【満足】を大事にしていることは、**2章1項**でも説明した通りです。さまざまなカテゴリーやブランドの経験を経て、満足の仕組みが理解できてきました。感動的な満足は、ブランド体験が消費者の期待値を少し超えたときに起きるようです。そして満足をうまく提供するためには、①ブランドのベネフィット体験に対して正しい期待値を設定する、②ブランドの理想的な使用体験をもたらす正しい使い方ができる、そして③正しいターゲット消費者を設定する、の3要素が大きく影響します。

①正しい期待値の設定

あるブランドを10段階（1が最低、10が最高）のうち7程度の期待をもって購入したとします。製品を使った際のブランド体験が5以下だと、がっかりし、大きな不満足を感じるでしょう。6でも少し不満です。7でちょうど期待にこたえることができますが、これはまだ十分に「満足」といえるレベルではないかもしれません。もし8を提供できると、感動をもって「満足」を感じてもらえることが多いようです。9までいくと、場合によっては「大満足」のこともありますが、少し違和感を覚えることもあるかもしれません。10ともなると、多くのブランドやカテゴリーでは「行き過ぎ」です。違和感やなにがしかの恐怖を覚えさせてしまうこともあります。これは製品の性能だけでなく、サービスの質や頻度などについても同様です。「消費者の期待の度合い」と、「実際に提供しているブランドの製品やサービスの使用体験」を比較してみましょう。もし数値化できれば、満足の度合いを把握しやすいと思います。

例えば、交差点を渡りきるあたりまでに時速30キロくらいに加速するかな、と思ってアクセルを開けたところ、35キロに達すると「おぉ、速い！」と感動しそうです。40キロを越えると、「おぉ、すごく速い！」というより、「ちょっと怖い」かもしれません。30キロちょうどだと、予定通りですが感動は感じにくそうです。これは乗り物の例ですが、多様な製品カテゴリーやサービス領域で「期待値をちょっと超えられると感動する」ことは適用できます。ヨーグルトを食べ続けることによる効果を実感するのに14日間かかると思っていたら10日で実感できたり、60kgまで体重を落とせるかと思ったら58kgまで落とせたり、応用の幅は広いでしょう。

このように、効果的な満足の提供のためには、製品性能やベネフィット体験の素晴らしさに加えて、適正な期待値の設定も重要です。満足の半分は期待値の設定による、といっても過言ではありません。期待値が低すぎると満足よりも違和感につながるおそれがあり、そもそも買いたくなる魅力が不十分かもしれません。同時に、買ってもらいたい一心で、ギリギリまで高い期待値を設定すると、期待を超えにくくなってしまいます。持続的な購入を是とするブランドマネジメントでは、「上げ底」による1回限りの売り逃げは、効果的ではありません。行動経済学などの知見では、高めの期待は高評価のバイアスとなる、と説明することがありますが、過剰な期待を正当化するものではありません。使用体験が正しく満足につながるよう、適正な期待値を設定しましょう。

②正しい使い方の提供

もし不満足の理由が製品の不十分な機能・性能であるなら改善しなくてはなりませんが、まず消費者が正しく使えているか確認しましょう。正しい使い方の啓発や、使用する器具の工夫で、製品そのものを変更せずに使用体験を大きく改善できることがあります。製品が開発された研究所と、消費者が実際に使っている環境が大きく異なることもあります。研究開発者と使用する消費者では、知識や技術にも差があります。そうした差を埋めて、正しく使える工夫が必要です。

③正しいターゲット消費者設定

「使ってさえもらえればよさが分かる」という製品やサービスは多くありますが、「だから、老若男女あらゆる人に満足してもらえる」と信じるのは、消費者理解の不足を示唆しているかもしれません。

2章1項のファネルの話でとりあげたように、正しいターゲット設定は満足の提供でも重要です。成熟と多様化が進んだカテゴリーでは、ユーザーもノンユーザーも、「とても満足する一部の人たち」と「不満を感じる一部の人たち」、そしてどちらでもない「不満を感じるほどではないが、大した満足も感じない大多数の人たち」に分けられることが多いように思います。まっさきに「不満を感じる人たち」の話を聞き、その声に合わせて改善しようとすることがあります。現在のユーザーとは異なる、新しい消費者層を取り込めても、ブランドに満足している愛用者たちを失ってしまっては本末転倒となることもあるでしょう。現在のユーザーによく似た、「とても満足しそうな人たち」を見つけて使ってもらうことができれば、ブランド体験は期待を超えて満足を生み、ブランドへの強い愛着を創出できます。４Ｐ要素を変更せずに、「使ってさえもらえればよさが分かって愛用してくれる」可能性が高そうです。

「感動の仕組み③」入力と出力のギャップ

世の中には多くの感動や熱中の対象、つまり「趣味」があります。絵を描く、楽器を弾く、バイクなどの乗り物に乗る、釣り、ゴルフ、サッカー、料理、歌を歌う、模型をつくる、ゲーム、なかには仕事という人もいるでしょう。これらの活動に共通する要素を考えてみると、人間の熱中に関する重要な示唆に気づきます。

それは、「入力と出力にギャップがある」ことです。こちらからの入力（道具や体を通した働きかけ）に対して、完璧に期待通りの出力（描かれた線や出来上がった料理など、働きかけに対する結果）が出てくることは、ほとんどありません。よほどの修練を積んだプロでも、つねに理想通りに描き、操り、歌い、つくることは、なかなか適いません。同時に、入力と出力にギャップがなくなり、つねに思い通りになったとき、興奮するのは最初の瞬間だけのように思います。マンネリ化した作業となり、退屈してしまいそうです。さまざまな領域で、入力と出力の不安定なギャップが、ときにいくばくかの射幸心を含みつつ、われわれの熱中を誘います。同様に、楽しい会話とつまらない会話の違いも、入力と出力の関係で説明できそうです。「人間は適当な範囲内で、入力と出力の不安定さを楽しむ」という理解は、感動や愛着を創造するヒントが見つかるかもしれません。入力の作用として期待が生まれているなら、この「入力と出力のギャップ」の概念は、「期待と満足の関係」とも関係しているようです。

消費者の入力に対し、安定した確実な出力が期待される製品やサービスカテゴリーもあります。例えば、公共交通機関の運行や電力供給などです。予定よりも早く目的の駅に着くことは、必ずしも歓迎されません。こうしたサービスカテゴリーが感動を呼ぶのは、平時ではなく、通常運行が不可能だと思われる環境下で、安定した出力を出し続けたときなどです。例えば大雪や台風といった災害に対する耐性や、被害からの回復の速さなどが典型でしょう。状況の悪さから期待値が下がり、「きっと電車は遅れているだろうな」と思って駅に行ったら（入力）、ダイヤが乱れることなく電車が時間通りに来た（出力）ので、「鉄道会社すごい！」と感動した、という例は、交通機関における「入力と出力のギャップ」だと理解できます。

パーセプションフロー・モデルの材料③：マーケティング活動（4P諸要素）についての理解・知識

パーセプションフロー・モデルはマーケティング活動全体の設計図なので、4P全域が関係します。ここでは、それぞれのP領域で、もつべき知識を概観します。4Pすべてに通暁できれば強力なアドバンテージですが、現実的ではありません。社内外のチームの知見をうまく運用しましょう。

[Product]

製品が知覚やパーセプションに与える影響は甚大です。全4P領域の中でも、もっとも影響力の大きなブランド体験であり、〈知覚刺激〉であるといっても過言ではありません。それは、製品を使用するとき、複数の感覚器を同時に使うことが多いからかもしれません。視覚や触覚だけでなく、嗅覚や聴覚、場合によっては味覚も同時に体験し、刺激を受容します。製品を開封し、使用して仕舞うといった手順ごとに対応する感覚器を意識すると、【試用】や【満足】の段階で製品がもたらすべき役割や〈知覚刺激〉について、新たにヒントが見つかると思います。なんらかの意味の解釈につながりそうな、すべての接点が考察の対象です。以下に主要なものをリストアップしてみました。

- 製品本体の機能や性能
- 音や形状（自動車のドアの開閉音は、ボディの堅牢さや重量を感じさせる）

・色や香り（美容クリームの製品色は、純白より乳白色の方が濃厚な成分の印象を与える）
・手触り（手に触れたときの感触や重量感、製品の剤形や粘度、表面の処理などが固有の印象をつくる）
・回転部分や展開部分などの動き方（高級口紅のケースの回転部分の精度感、カメラの回転部分を動かしたときのクリック感も手触りと同様の働きをする）
・多角的な見た目やデザイン（１メートルでの見え方、５メートルでの見え方、明るい屋外での見え方、屋内での見え方、薄暗い場所での見え方はそれぞれ異なる）
・機能性能やパーツの可視性（紙おむつのギャザー部分を青くすることで、夜でも視認性が高まるので正しい使い方を促す）
・箱や能書、蓋の内側（蓋の裏などは目に触れることが多い）
・ポンプやスプレーなどのデバイス（ポンプやレバーの引き心地や重さなど、使い心地は、効果感などの強化につながる）
・単体あるいは混交したときの味や風味（混ぜるなどの作業を要求することは、ブランドの完成に参加できるので、愛着の醸成につながることがある）
・Ｄ２Ｃや通販などの輸送用の外箱（【購入】から【試用】にかけての高揚感を高めることがある）

[Price]

価格は単独の絶対値では判断しにくいことが多く、なにかと比較することで意味が発生します。同じ８００円でも、１０００円から値引きされた８００円と、いつもと同じ８００円と、20％増量サービス中の８００円では、意味が異なります。また、比較する対象が違えば価格の印象も異なります。

さらに、価格はさまざまな角度で解釈できます。例えば１箱10個入り１０００円の商品があるとき、価格は販売単位の１０００円だけではありません。１個あたり１００円も価格です。１カ月に１箱買うのなら１カ月１０００円で、３日で１００円、あるいは１日33円です。どの金額を、どの単位（箱、個、月など）と組み合わせるかによって価格に関連する〈知覚刺激〉は変化します。また、耐久性のある部分と消耗品を併用する製品の場合（替刃のカミソリや、インクカートリッジを使うプリンター、詰め替えのある消費財など）は、消耗品の費用によって全体の価格感が変化します。メンテナンスが必要なものは、そうした費用も勘案します。グラムや消費回数ではなく、「満足あたりの価格」などで評価できるブランドもあるかもしれません。例えば育毛剤などは１回あたりの施術単価よりも、「頭髪に恵まれた自分」を実現する価格としてとらえる方が分かりやすいことがあります。このように「その金額が適用される対象」が変わることで、価格の〈パーセプション〉は変化します。

また、比較対象は上述の「箱あたり、個あたり、期間あたり、ベネフィットあたり」など自ブランドに関連した諸要素だけでなく、競合との比較でも成立します。金額の差（１箱あたり１００円高い）を比較する場合も、比率（１箱あたり10％高い）で評価する場合もあります。

さらに、通常時と比較した値引きの有無、増量などの有無、おまけ・ノベルティなどの有無、限定品などの希少性の有無、リセールや下取りの相場など、時限性の価格や価値要素も〈知覚刺激〉として勘案すべきです。

［Place］

購入場所や使用場所そのものも、〈知覚刺激〉として機能します。レストランで料理と味わうワインは、家で飲むワインと同じブランドでも異なる印象です。車両を試乗するルートや、お試しレッスンの会場など、製品やサービスの性能が同じでも、場所が違えば〈知覚刺激〉も変化します。消費や購入に際して、場所や地理が〈パーセプション〉に与える影響も重要です。特に、自前の店舗や自社ECサイトをもつ場合には、固有の空間内にいること自体がすでに〈知覚刺激〉です。購買や消費の空間を、ブランドホロタイプ・モデルやベネフィットにもとづいて構築します。リアルな空間の場合は、聴覚や嗅覚、触覚や味覚など、複数の感覚器に訴えかけられる点に注意します。

［Promotion］

広告や広報などのコミュニケーションも、店頭販促や消費者向けプロモーションなどの施策も、消費者の〈パーセプション〉に大きく影響する〈知覚刺激〉です。これらはマーケティング予算の運用にも直結し、その巧拙が直接マーケティングROIを左右します。通常、パーセプションフロー・モデルの【現状】から【購入】、そして【再購入】から【発信】などの段階に作用することが多いでしょう。

コミュニケーション領域では、クリエイティブ表現の開発、メディア計画の立案・実行、口コミが広がる仕組みなどが〈パーセプション〉に与える影響について、知見を蓄積します。

施策領域では、ブランドに【興味】や購入意向をもつ消費者に対して、店頭やECサイトで【購入】

するためのきっかけや口実の提供方法などが重要なテーマです。ベネフィットやパーパスに関わるブランド体験、二次創作などブランドへの参加を促す活動、【購入】前に【試用】を提供するサンプリング、【再購入】や習慣化の促進策、口コミの【発信】やＳＮＳへの投稿のきっかけなど、多くのブランドでさまざまな活動が展開されているので、各社の事例や新しい手法などを参考にできる領域です。情報収集に、社外のカンファレンスなどをうまく利用しましょう。

また、新しいデジタルメディア、データ利用のサービス、コラボレーションやインフルエンサーなど、施策活動に関連する概念や要素は、定期的に追加・更新されていきます。テクノロジーでできることが増え、法規制の変更などもあるので、広くタイムリーに情報を集めておく必要があります。ビジネス誌の記事なども参考になるでしょう。目新しい事物は、ＲＭＡ（マーケティング活動における革命）となるか、一過性の流行りものか、区別がつきにくいことも少なくありません。パーセプションフロー・モデルに則って実験的に採用してみることで、その利用価値をうまく判断しましょう。

パーセプションフロー・モデルの材料④：計測手法についての理解・知識

効果測定については、パーセプションフロー・モデルの段階ごとに、消費者の〈行動〉や〈パーセプション〉の変化をたどるのが一般的です。売り上げやシェアといった最終的な数値はビジネスやブランドのマネジメントには重要ですが、各段階の個々の活動との関連は分かりにくいものです。段階ごとに達成すべき〈パーセプション〉の変化、〈知覚刺激〉の質や量などを計測できると、次回以降の改善につなげられます。

一般的に、パーセプションは心や頭の中の話なので、その測定には調査の時間や費用がかさみがちです。そこで、行動観察を疑似的にパーセプションの計測に用いることもあります。ウェブサイトの滞在時間や訪問頻度を、【興味】の度合いと解釈し、購入頻度や回数を、愛着の度合いと理解する、などが考えられます。行動観察は、データ取得の方法さえ確立できていれば、あまり時間や費用をかけず、タイムリーに実施しやすいという利点があります。また、アンケート調査と異なり、消費者が覚えていなくても計測できます。〈段階〉ごとの目的や〈知覚刺激〉の役割に応じて、〈行動〉と〈パーセプション〉、〈知覚刺激〉の関係をうまく理解できるよう、正しく最適な測定方法を用意しましょう。

余談ですが、孔子が『論語』で説く、視・観・察の概念は消費者の理解やパーセプションフロー・モデルの計測においても通用しそうです。視すなわち肉眼で見るのは、行動の観察です。前述のように、データなどから簡便迅速にできます。観すなわち心眼で見るのは、行動の動機やニーズなどパーセプションの理解です。行動の裏側にあるので、手間や経験や調査が必要で、パーセプションフロー・モデルが扱う中心部分です。そして、最後の察はその人物が心から満足することの理解です。人の本性や本質、などと解釈できそうですが、消費者自身では明示しにくいインサイトや、パーパスと呼応する個人の価値観に似ているかもしれません。

5-3 ステップ① 枠外のつくり方

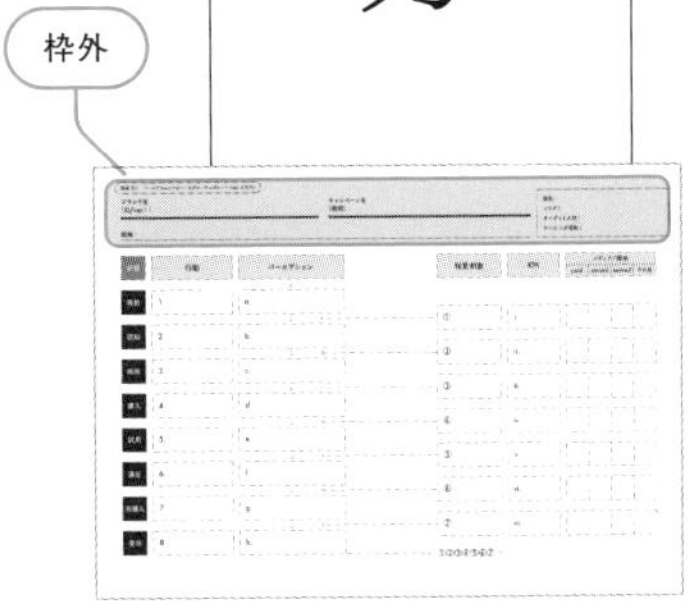

まずは名称と目的を明示する

はじめのうちは手当たり次第に埋めつつ、なんとなく上から描きはじめて堂々巡りにおちいったり、「なんだか難しいね」と袋小路に入ったりするかもしれません。数多くの試行錯誤を通して、描きやすい手順が整理されてきました。ブランドの状況やビジネスモデルによっても異なりますし、経験値の蓄積や手法の進化によって今後も発展を続けると思われますが、基本となる描き方を習得しましょう。

まずは枠外から整理していきます。はじめに「ブランド名」と「ＩＤやバージョン番号」、そして「キャンペーン名」と「期間」を記します。ひとつのブランドが、アイテム別や期間別に複数のパーセプションフロー・モデルを用意することもあり、ワーキング・ドキュメントとして定期的な修正・更新もあるので、個体を同定できるようにしておきます。複数ブランドを擁する場合、ＩＤ番号などの割付に一定のルールがあると便利です。

ついで右上の枠内に、このパーセプションフロー・モデルが達成すべきことを示します。つまりプロジェクト成功の定義です。具体的には「目的」「エリア」「ターゲット人口」そして「ラーニング目的」を示します。

目的の明示は、建造物の基礎工事や料理の下ごしらえに似て、派手さはありませんが重要な段階です。具体的にパーセプションの変化を設計し、施策の立案をはじめると、眼前の議論に熱中して、行き先を見失うことがありますが、目的が明示されていれば、議論の方向を正しく保てます。アクション志向が強いと、すぐに施策を議論したくなるかもしれませんが、目的や戦略があいまいなまま活動計画に着手するのは、失敗の典型的なパターンです。議論は拙速や奔放に席巻され、結果的に遠回りになり、意思決定は消費者や戦略よりも社内階級と勢いに支配されかねません。目的や戦略を記入する面積は少ないですが、これらが明確になれば、全体の半分ができたと言っても過言ではないでしょう。そして、議論が行き詰まったら、常にここに戻れるので安心です。

「目的」には「年率5％の売り上げ成長」や「新商品〇〇の初年度売り上げ5億円」などと書かれます。売り上げやシェア、成長率、利益額、利益率といった財務上の指標が示されることが多いと思います。あるいは**1章**の事例で示したように「ブランドの回復」や「新商品の成功」といった課題が書かれるかもしれません。誰が読んでも同じ理解ができるよう記述します。「成功」や「回復」がなにを意味するのか、ＳＭＡＣに記しましょう。ＳＭＡＣというのはSpecific - Measurable - Achievable - Consistentの頭文字をあわせた用語です。日本語にすると、具体的で、測定可能で、論理的に達成可能で、上位概念や市場環境などと一貫性がある、という意味で、全員が同じ理解をするよう目的を明確に示す際のチェック項目です。

「エリア」には、地理的、あるいは領域的な区切りを記載します。「九州テストマーケットエリア」と示されていたり、「店舗とEC」などと特定の領域を示していたりするでしょう。

「ターゲット人口」は、「小学生の子供のいる、引っ越しを計画中の家庭50万世帯」とか、「連続ドラマを見ることが好きな、都市圏在住の会社員100万人」など、描写と人数規模で示します。仮に「年率5％の成長」に必要なユーザー数が「新規の10万人」であるとき、マーケティング活動の対象となるターゲット人口は少し多めの100万人、あるいはもっと大きく1000万人などの可能性があります。ターゲットは100万人よりも1000万人の方が直感的に好まれがちなのは、大きい数字が安心感を抱かせるからです。大きすぎると、安心感とは裏腹に、マーケティング予算や人員の労力などが分散してしまうので注意が必要です。マーケティング予算は「新規の10万人」に規定されるので、ターゲットの人数が100万人でも1000万人でも同額であることが多いものです。1000万人をターゲットとすると、1人あたりに使える金額は100万人の場合の10分の1です。10億円のマーケティング予算をもっているとき、ターゲットが100万人なら1人につき1000円ですが、1000万人だと100円になってしまいます。打ち手が極端に少なくなりそうです。

多くの場合、ブランドのターゲットは獲得する人数の100倍も用意する必要はありません。ブランドや状況にもよりますが、経験的な原則として、目的達成に必要な人数の3～10倍程度がひとつの相場だと考えます。つまり、10万人の新規ユーザーを獲得するために、うまく絞られた30～100万人のターゲットを見つけることができれば高い効率を維持できます。既存のユーザーをよく理解し、似た人を探しましょう。実行の段階で、メディアの性質上、ブランドターゲットの100倍の人数に露出させることはあるかもしれません。そうした制約下でも、本来ターゲットとすべき層が明確であることは、効率の改善に寄与します。

最後に、ラーニング目的を記述します。ラーニング目的は、このプロジェクトを通してプロジェクトチームが獲得すべき知見やスキルを示します。例えば、「既存ユーザーに継続利用を促す動機を理解する」とか、「マーケティング予算と、新規顧客獲得の関係を理解する」、「店舗での露出を高めるための、価格以外の要件を理解する」などと書かれるかもしれません。こうした知見は、隣のブランドや、将来の別のプロジェクトに役立ちます。それぞれのプロジェクトごとに「ラーニング目的」を設定し、意識して知見を獲得していくことで、経験を通して成長できる仕組みをつくりましょう。

ひたすらプロジェクトを回すことだけに集中して、ラーニング目的の設定などをないがしろにするのは残念なことです。**コラム#7**に示したように「昨日できなかったことが明日できる」ことが成長なら、「昨日知らなかったやり方が、今日分かる」ことは成長に直結します。特に大規模なプロジェクトは売り上げや利益だけでなく、得られる経験値という意味でも大きな成長のチャンスです。鍛えている筋肉を意識すると筋トレの効率が上がるように、事前にラーニング目的を示しておくことで、良質な経験値を効率よく獲得したいと思います。

事業目標をブランド戦略に落とし込む

ブランド名の下に「ブランド戦略」を示します。マーケティング活動を統括するので、マーケティング戦略と呼ぶこともあります。戦略と実行プランがばらばらにならないよう、戦略を明示して実行プランとの一貫性を保ちましょう。ブランド戦略は、会社の目的をマーケティング活動の目的へと解釈し、マーケティング活動に投入できる資源利用の指針を示します。その際、目的に対して資源総量が優勢であれば、勝てる戦略になっています。金額で示された売り上げや利益、%で示された成長などを、消費者の人数や消費回数、認知率や使用率などマーケティング活動に直結した目的に再解釈することで、達成すべきことが明確になります。

例えば、中期経営計画は今期の売り上げを5%成長させると示しているとしましょう。仮に現在の売り上げを100億円とすると、5億円の追加を意味します。もしユーザーの平均年間消費金額が5000円であるなら、5億円の追加は10万人の新規ユーザー獲得を意味します（※：年間の消費金額は新規ユーザーとロイヤルユーザーでは異なり、家族構成や居住地域などによっても異なるでしょう。実際の計算では、こうした理解を反映させます。ここでは例示のために単純化しています）。5%成長≒5億円追加≒10万人の新規ユーザー獲得、と解釈できました。また、消費者調査から、商品を欲しくなったのは「ロイヤルユーザーだった友人と一緒に使う機会があり、ブランドのよさを実感したから」という理由があったとしましょう。新規ユーザーは、ロイヤルユーザーと似たライフスタイルをもち、友人として付き合いがあるようです。社交的なロイヤルユーザーが友人と一緒に使い、薦めてくれることは、このブランドの重要な資源と理解できます。そこで、ブランド戦略は次のように書かれます。

「中期経営計画にもとづいて年率5％の売り上げ成長を達成するために、本会計年度中に10万人の新規ユーザーを獲得するべく、ロイヤルユーザーが友人と一緒にブランドを使用し、ベネフィットを共に体験する機会を提供する」。この戦略下では、すべてのマーケティング活動は「ロイヤルユーザーが友人たちと一緒に使ってもらう」ことを目指します。アルコール飲料や、スポーツイベント、レジャーに関連したブランドの戦略だと想像すると、理解しやすいかもしれません。新規ユーザーの獲得策となると、直感的に「まず認知を高めないといけない」などと考えがちですが、ここで示した戦略であれば、闇雲にブランド認知改善に投資する必要はありません。むしろ、ロイヤルユーザーが友人と一緒にブランドを使ってくれる状況をつくることで、目的とする成長をうまく達成できるでしょう。

ここまででパーセプションフロー・モデルの枠外はできあがりです。

CHECKLIST

- □プロジェクトの目的（プロジェクト成功の定義）は明確ですか。
- □ターゲットとする消費者の人数規模や、展開するエリア／地域は明確ですか。
- □ラーニング目的（自身や組織が学ぶべき内容）は明確ですか。
- □消費者との関係も含め、ブランドに固有の資源や、保有する資源を把握していますか。
- □ブランド戦略／マーケティング戦略は明確ですか。

5-4

ステップ②　枠内の本体【現状】【興味】【購入】【再購入】のつくり方

消費者理解によって空欄を埋めていく

このステップでは、全体の節目となる重要な段階として【現状】【興味】【購入】【再購入】を記述します。

多くのセル（箱）がありますが、最初に〈パーセプション〉の変化を描き、完成後に〈行動〉を示すと効率よく記述できます。次いで、〈知覚刺激〉〈メディア〉〈ＫＰＩ〉と書き進めていきましょう。〈パーセプション〉の変化を描きつつ、〈行動〉や〈知覚刺激〉などについて気づいたことは、忘れないようメモしながら進みます。書くこと自体が発想を刺激し、〈知覚刺激〉を完成させるときの重要なヒントになることがあります。単なる思いつき程度のものも、大きな可能性を秘めた素晴らしいアイデアのタネもあるかもしれません。慣れてくると、〈パーセプション〉と〈行動〉を交互に書き進める人もいます。

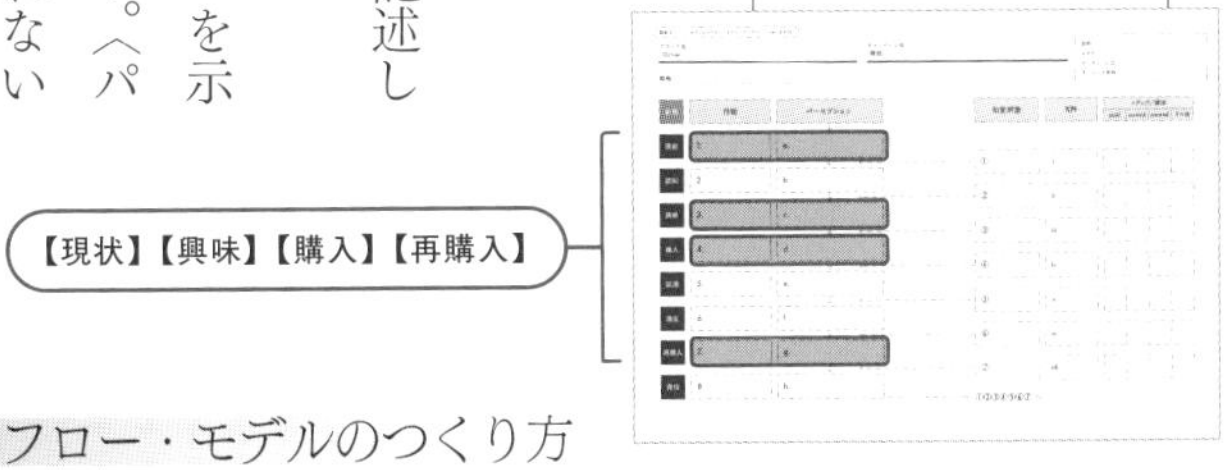

【現状】

最初に書き込むのは、【現状】の〈行動〉(1.)と【現状】の〈パーセプション〉(a.)です。ターゲット消費者の現時点の〈行動〉や〈パーセプション〉を理解しつつ、どのような問題を認識し、どのように解決しているか考えます。新規ユーザーの獲得では、消費者が競合ブランドを使っている様子を描きます。アリエールを使うまで洗濯洗剤を買ったことがない、という人はあまりいません。新カテゴリーの創出でも、ファブリーズは置き型の消臭剤と競合しました。ベネフィット、時間、費用などを介した競合先を見通しましょう。

「なぜそのブランドを使っていて、どのような印象をもっているか。なにに満足し、どの程度の愛着を感じているか」などの典型的な競合ユーザー理解に加えて、消費者は自分が解決したい問題(=不満足)を、どのような課題(=解決の方法)と解釈しているか、についても理解します。熱心に検索を繰り返すような大きな問題のこともあれば、普段は忘れているような不満だけれど、解決策が示されればすぐに思い出す懸案事項かもしれません。なんとも思っていなかったのに、言われたら気になってきた、といった自分では気づいていない問題もあります。消費者が「関心」をもっている問題を、【現状】の記述を通して把握します。

例えば、「部屋がニオう」という不満足は、部屋の空気がニオうことが原因なので、空間の消臭剤を解決策として採用する」という場合、現在の問題は「部屋のニオイ」で、課題は「空気のニオイ」、解決策は「空間の消臭剤」であると理解できます。同じ「部屋のニオイ」という問題を、「布のニオイ」

図表5-3 問題と課題、解決策の関係

	問題	課題	解決策
現状	部屋がニオう	空気がニオう	空気の消臭剤≒置き型
変化後	部屋がニオう	布がニオう	布用の消臭剤≒ファブリーズ

問題は同じでも、「課題」が変われば解決策も変わる。

という課題へと転換すれば、「布のニオイを取る」ファブリーズが問題の解決策になれます。

【現状】の記述に手間取るときには、ターゲット消費者を絞りましょう。決めきれない場合には、いくつか候補を残して、すこし書き進めてから戻って選んでも構いません。【購入】や【満足】などの行動理解を通して、狙うべきターゲット層が明確になることもあります。

競合ユーザーの獲得を目指すとき、ロイヤルティの低い層をターゲットに設定するのは定石です。アリエールの除菌の事例のように、新しい属性を提案してブランドスイッチを促す場合を考えてみましょう。「競合Aブランドが大好きで、ほかの選択肢は考えたこともない」といったロイヤルユーザーの転向を図るのは難しそうです。対して、「いつも競合ブランドAを買っている」けれど、「洗剤はどれも同じだと思う。安くなっているのを買えばいい」、「特にAブランドが大好きということもないけど、目立った問題もないから続けている」、「なんとなく実家と同じAブランドを使っている」といった消費者は、Aブランドを選択し続ける理由が強くなさそうです。「除菌」という新しい属性に共感してくれれば、ブランドスイッチを期待できます。

同時に、「うちはどの洗剤を使っていたか、覚えていない」といった関与度の著しく低いユーザーは、ターゲット消費者から外してしまって構いません。たくさんいるので外すのは勇気がいりますが「なかなか話を聞いてくれない消費者」なので、マーケティング活動の効率が下がります。こうした消費者は、店頭で目につくブランドを手に取ることも多く、市場1位になること自体がもっとも重要な影響を与えるかもしれません。同時に、こうした消費者は競合のマーケターも攻めあぐねているはずなので、手当てしなくてもリスクは限定的です。もし関与度を高める方法が見つかれば、大きな競争優位につながり、見返りは大きそうですが、難易度は高めです。

ブランドによっては、競合ユーザーではなく、そのカテゴリーの商品をはじめて使うエントリーユーザーを主ターゲットとすることがあります。その場合、はじめて使ったり買ったりする瞬間をPOME（Point of Market Entry）と呼び、重視します。子供用の紙おむつブランドが産婦人科医院向けのサンプリングを重視し、化粧品会社がエントリー向けブランドを大事にするのは、POMEが刷り込みのように持続的に影響するからです。最初のメーキャップ経験に満足すると、生涯にわたってメーキャップ関連消費が大きくなり、自己肯定感も高くなる傾向がみられる、というラーニングもあります。「私の最初のブランド」になることが愛着やLTVに有効に機能するなら、カテゴリーを想定したパーセプションフロー・モデルを描くのは効果的です。ただ、市場全体から見るとカテゴリーエントリーはとても小さなボリュームになりがちです。マーケティング予算の投入量は、過大にならないよう慎重な判断が必要です。

エベレット・ロジャーズの『イノベーションの普及』で示された伝播モデルの「イノベーター」や「アーリーアダプター」を狙う、という方針のブランドもあるかもしれません。アーリーアダプターは新商品の話を聞いてくれる可能性が高く、効率がよさそうです。ただし、イノベーターは「新しさ」に対して敏感に反応するので、他の新しさにも反応します。別の新ブランドが出てくれば、積極的にスイッチする傾向にあり、持続的にブランドを愛用してくれる可能性は高いものではありません。新商品導入直後の初動を加速したい、といった場合を除けば、イノベーターに特化した活動はブランドの持続的な成長にはつながりにくいことがあるので注意しましょう。

【（ブランドへの）興味】

【現状】を描いたら、順番に下るのではなく、目線を上げてゴールを確認します。最終的には【再購入】ですが、ひとまず「購入意向」の確立を目指します。「これが欲しい！」と購入意向が生まれるのは、ブランドへの【興味】の段階です。ブランドホロタイプ・モデルで定義されたターゲット消費者が、同じくブランドホロタイプ・モデルに示されたベネフィットを欲しい、と思うパーセプションです。まだ買ってはいませんが、「これを買うといいかなぁ」とか「欲しいなぁ」と欲求があり、「ブランドの選好」ができている状態です。「どんなものか、試してみようかな」と、ちょっと好奇心をもったレベルから、「これこれ！　これを買えばいいんだ！」と、積年の問題に解決策が見つかったという積極的なレベルまで、幅があります。カテゴリーやブランドによっては、【興味】の前に、【比較】

や【評判を調べる】などの段階を明示することがあるかもしれません。

消費者のパーセプションや情動が大きく動くダイナミックな段階なので、気にすべき要素も多岐にわたります。ターゲット消費者の自我、つまり誰との関係を重視しているか、製品カテゴリーを使用する頻度、解決すべき問題の重要度や発生頻度、ベネフィットや製品機能、価格や価値などは、ブランドの選好に影響を与えることの多い要素です。さまざまな要素が影響を与える可能性がありますが、すべてが意識されるとも限りません。ひとつかふたつの理由で「欲しい！」と思うことはよくあります。もし、そのひとつかふたつが多くの消費者に共通しているなら、それは重要な要素です。効率のいい活動につなげやすいと思います。一般的に、消費者が欲しくなる〈パーセプション〉の記述はマーケターに都合よく描きがちですが、実際の消費者理解に即して描くよう気をつけます。ユーザーや愛用者が最初に欲しいと思った理由などを調査するとヒントになります。

【購入】

【興味】の段階で購入意向は固まっているので、ここでは【購入】する瞬間のパーセプションを描きます。自身の購入経験を振り返っても分かりますが、購入意向を含む【興味】だけでは、なかなか【購入】には至りません。「欲しい」と思ってから「買う」という行動を起こすためには、「きっかけ」や「口実」、あるいは「いいわけ」が必要なことが多いからです。【興味】の段階で欲求が強ければ、消費者は自発的に理由を考え出すこともありますが、そうでなければ外的な「きっかけ」の提供が必要です。腕利きの販売員は、心地いい「口実」を提供するので、消費者は気持ちよく買うことができます。よく考えられたECサイトでは、購入ボタンをクリックする「きっかけ」がうまく設計されています。「きっかけ」を受けて、**【購入】**のパーセプションには、いくつかの類型がありそうですが、頻出の8つを例示しておきます。

［1：時限性のお値打ち感］いまなら安く買える、最後のひとつだ、次にいつ買えるか分からない、今年の限定色だ
［2：経済性の強化］長く使えるなら結局はお値打ちだ、リセールしやすそう、拡張性がある
［3：必要性の強化］いま使っているのはそろそろ替えどきかもしれない、たまに調子が悪いことがある
［4：他者を巻き込む］家族も欲しがっている、みんなで使える
［5：社会正義などの規範］環境にもやさしい、体にもいい
［6：準拠集団などの規範］みんな持っている、好きなインフルエンサーも使っている、SNSで話題になっている
［7：動機づけやご褒美］やる気がでる、今年は（今日は）よくがんばった
［8：記念日やお祝いなど］誕生日や卒業などの記念、ひいきのチームが試合に勝った、年末や週末

こうしたきっかけや口実は、購入理由を問う質問に回答されることもあり、**【興味】**や購入意向の理由と混同しがちです。「安いから買った」と**【購入】**を説明する消費者は多いですが、それは「買

うという行動のきっかけ」であって「欲しいと思った理由」ではありません。上記のリストも、購入意向をもった上で、実際にお金を払うという行動を起こすための「きっかけ」が成立した際のパーセプションです。店頭であれECであれ、これらのパーセプションを喚起できれば、購入意向は購買行動につながります。必ずしも「欲しい理由」をつくっているわけではない点に注意が必要です。

ブランドによっては、この段階に「購入のバリア（障壁）を取り除く」といったマーケティング施策をいれることがあります。「すごく買いたいのだけれど、踏み切れない理由がある」という場合には「買わない理由」を解消します。物理的な制約（近所に売っていない、サイズが合わない）や体質の問題（成分にアレルギーがある、髪や肌に合わない）などの理由で買えずにいるなら、通販への誘導や、アレルギー情報の開示、「肌にやさしい」訴求の追加といった対応で解決できることがあります。場合によっては、製品性能を強化することもあるでしょう。

このように、「購入意向はあるのに、なにか問題があって買えない」といった場合以外では、「ブランドを買わなかった理由」を探るのは無意味なことが多いです。多くの消費者がそのブランドを買わない理由は、「買う理由がないから」なのですが、「なぜこのブランドを買わなかったのですか？」との問いに、「買う理由がない」とは答えにくい傾向にあるからです。そこで、多くの消費者は「以前使ったけど合わなかった」「性能がよくないと思う」「値段が高い」など、もっともらしい回答をしがちです。本当の理由ではないので、こうした項目をいくら改善しても購入が増えることはありません。

誰かのことを好きな理由は答えやすいですし、誰かのことを嫌いな理由も自覚できますが、誰かのことを好きでない理由は意識すらしないことでしょう。買わない理由を尋ねるのは「ある人を好きではない理由」を聞くのに似ています。普遍的な原則としては、買わない理由の排除よりも、買う理由の強化の方がはるかに重要です。

また、「きっかけ」を提供する知覚刺激の強化が、興味本位の購入を喚起し、即時的な売り上げをつくることがあります。欲しい理由がブランドのベネフィットにもとづく場合と異なり、ブランドの長期的な成長とは必ずしも一致しません。せっかくのブランド体験が満足につながりにくく、「今日はいつもより安く買えてよかった」など、ブランドとは関係のない満足に落ち着いてしまうこともあります。次回の購入や愛用者になる可能性を高めるものではありません。とはいえ、現実的な競争環境下では、一時的な売り上げの確保や競合対応など、緊急時のタクティクスとして役に立つことがあります。強力なインフルエンサーに推奨してもらう、年に1回の大型セール、目新しさで話題をつくるなどはこれにあたります。大して欲しくもなかったけれど、ネタとして、あるいは半額セールだったから買ってしまった、という経験があるかもしれません。継続的な愛用とは異なるため、濫用すると長期的な成長を阻害することがあるので注意しましょう。ブランドを重視する外資系企業などでは〝Borrowed Interest（借り物の興味）〟などと呼び、忌避する傾向にあります。

【購入】はブランドによっては、【訪店】や【オンラインショップの訪問】、あるいは【アプリのダウンロード】などと表記されることがあります。

【再購入】

【再購入】は2回目の購入というよりも、使用の継続や習慣化を意味しており、パーセプションフロー・モデルが目指すゴールです。【購入】の段階との大きな違いは、製品体験後に離脱するトライアル（試用）ユーザーを含まない点です。【再購入】の段階にいたったユーザーをリピート（再購入）ユーザーとか、ロイヤルユーザー、あるいは愛用者などと呼びます。リピートである【再購入】では、広告費や施策などを必要とするトライアル【購入】よりも大きな利益を期待できます。

【再購入】にいたるには、最初の【購入】やその後の【試用】体験から、【満足】の経験が必要です。高い満足かもしれないし、不満はないといった程度かもしれません。もし、高い満足があるのに【再購入】にいたらないなら、その理由を研究するべきです。以前は気に入っていたのに、買わなくなったという理由も同様です。きっと分かりやすい障害が横たわっていることでしょう。消費者はすでに一度【購入】し【満足】しているのですから、【再購入】を阻む障害を除けば、水が高所から低所に向かうように【再購入】が流れこんでくるはずです。経験的には、【再購入】の動機を高めるよりも、障害をとりのぞく方が容易です。動機は消費者にありますが、障害は自社に起因することが多いからです。

積極的に【再購入】を促すためには、使用の継続によるベネフィットを明示できると有効です。最初の購入と同じベネフィットを動機とすることもあれば、変化していくこともあります。【再購入】の動機となることも多いブランドへの愛着は、自身が愛用者であることを自覚したり、他者からそう思われたりすることを通して高まります。ブランドが消費者自身のアイデンティティ（自我や自己表現）の一部、つまり本人を象徴する記号となった状態です。ファッションに限らず、クルマや嗜好品、趣味など、交友関係の中で話題になる領域のブランドにはすべて適用できます。「これがなくなると困る」とか、「このブランドは私の一部」、あるいは「このブランドは私のブランドだ」といった所有感を感じるレベルにまで達することがあります。いずれも、強い愛着の証左です。また、ユーザーのライフスタイルや人生の価値観と、ブランドが体現する意味やパーパスに親和性があると、愛用につながりやすくなります。ブランドホロタイプ・モデルに示されるターゲット消費者とブランドのパーパスや大義の一貫性を確認しましょう。具体的な施策としては、ブランドの活動やブランド体験への参加、ブランドのロゴやステッカーなどで愛用を主張することなどは愛着を強めるのに有効です。愛着による【再購入】は、ブランドマネジメントにおいて目指すべき普遍的なゴールです。

問題解決型のブランドの場合、問題の解決と同時に使用を終了するもの（例：大学受験の塾など）もあれば、次に問題が発生するまで中断するもの（例：かぜ薬など）、日常的に問題が発生するもの（例：洗濯洗剤など）あるいは予防的に使用を続けるもの（例：ビタミン剤など）もあるでしょう。一般的に2度目の大学受験はないので、合格体験記などの口コミを通して、本人の満足を次の世代のユーザーの獲得に適用する工夫をします。かぜ薬などは次の問題が発生したときまで保存され、必要に応じて再使用されます。ここでは、早めに服用できるような働きかけが有効なことがあるでしょう。また日常的に問題が発生する領域では、ルーチン使用を意識するアプローチが有効です。

日用品などでは、日常生活でのルーチン使用の仕組みを用意することがあります。例えば、冷蔵庫の棚とヨーグルト、バスルームのスペースとシャンプーなど、商品と置き場所の関係が、継続使用の仕組みとして機能することがあります。庫内にヨーグルトの定位置が決まっていると、ロイヤルユーザーになりやすく、シャンプーやボディシャンプーのボトルがバスルームの一角に落ち着くと、ブランドスイッチが発生しにくくなることがあります。ブランドのベネフィットへの愛着ではない点に注意が必要ですが、ブランドと置き場所の関係が、継続使用の仕組みとして機能する例です。さらに、長期的な使用そのものが愛着を生むこともあります。長期利用を促し、愛着を生む方法のヒントになるかもしれません。

また、状態や関係によっていくつかの呼び名がありますが、ファン、アンバサダー、エヴァンジェリストなどは概ね「ブランドを販売する会社の関係者ではないのに、ブランドを積極的に支持・支援してくれる人々」のことを指します。こうした熱烈なユーザーが活発な場合、愛着の様相として彼らのパーセプションを示すのも効果的です。

ベネフィットによる愛着、パーパスによる愛着、場所の固定などによる習慣化に加えて、投資対象に愛着を感じることも少なくありません。金銭的な損得からくる自分ごと化が入り口ですが、積極的な情報収集がなされることも多いので、強い愛着につながることがあります。

カテゴリーやブランドによっては、この段階を【大容量・詰め替えの購入】や【サブスクリプションへ】【（学習教室などの）入会契約】や【（クルマなどの）購入契約】【アプリの課金】【使用習慣の確立】といった名称で呼ぶことがあるかもしれません。

CHECKLIST

□自ブランドや競合ブランドを使っているターゲット消費者のパーセプションや行動は明確ですか。
□競合ユーザーが、競合ブランドを使っている理由はなんですか。
□自ブランドユーザーが、自ブランドを欲しくなった理由や購入のきっかけはなんですか。
□トライアルユーザーが購入・再購入・継続したいと思うときのパーセプションは明確ですか。
□リピートユーザーが、継続利用している理由はなんですか。再購入時のパーセプションは明確ですか。
□もしこのブランドがなくなったら、リピートユーザーはどのような気持ちになりますか。

5-5 ステップ③ 枠内の本体【満足】【発信】【試用】【認知】のつくり方

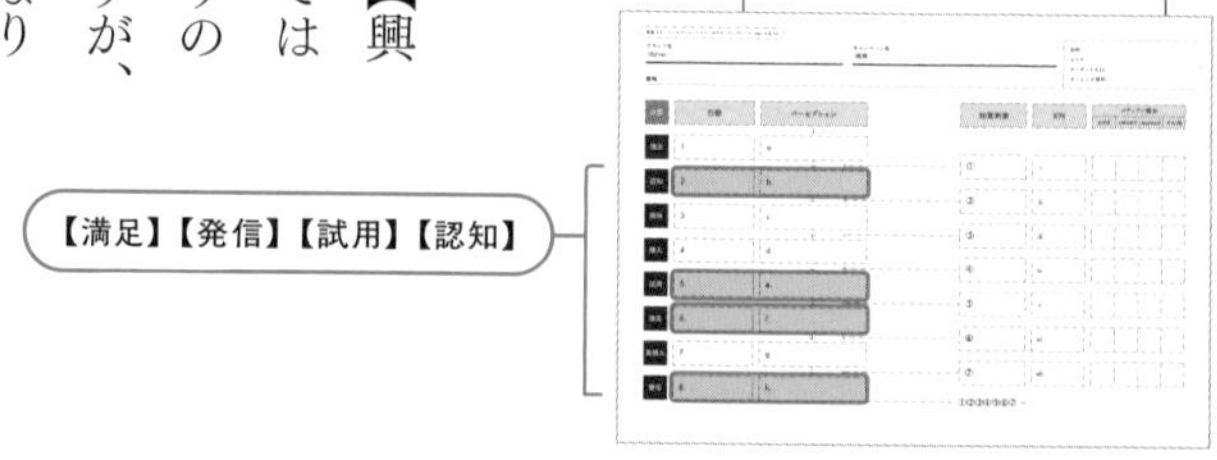

論理的に空欄を埋めていく

ステップ3として、パーセプションの変化の全容を描きます。前ステップで描写された【現状】【興味】【購入】【再購入】の間を論理的に埋めていきます。消費者は必ずしも論理的に購入するわけではないから、マーケターも論理に依存すべきではないという主張を聞くことがあります。一人ひとりの消費者や、個々の購買行動を観察しても、論理的な整合性を見出しにくいことがあるのは事実ですが、消費行動は超常現象ではなく、すべて自然現象です。ひと粒ひと粒の雨の動きを説明するのはかなり高度な計測と計算が必要そうですが、その地域に雨が降る理由は、雲の動きから論理的に説明できます。「論理的に埋めていく」のは、雨粒ひとつひとつの動きの再現するのではなく、その地域の雨の降りかたを推察するのに似ています。

【満足】

【満足】はブランドの使用体験が消費者の期待を超えたときに発生します。パーセプションフロー・モデルが重視する【再購入】の直接的な動機となる重要な段階です。また、ブランドの使用体験を通して、ブランドに好意的な意味を付与しやすい段階でもあります。【満足】については、**本章2項**も参照してください。

もし【満足】のパーセプションを描くことが難しい場合には、ロイヤルユーザーが感じている【満足】や状況などについて、理解を強化します。もし誰かと一緒に使っているなら、あるいは誰かのために使っているなら、誰と一緒にいるのか把握しましょう。ブランドへの【満足】は「消費者の自我が反映する社会的な役割を、うまく果たすのに役立っている」かもしれません。また、ロイヤルユーザーが感じている【満足】は、これからロイヤルユーザーになっていく人たちが感じる【満足】と似ています。ブランドの成長にとって、もっとも重要な消費者理解のひとつですから、時間や労力をかける価値は十分にあります。

【満足】が重要でありながら、【購入】を先に記述するのは、描きやすさを優先してのことです。多くのブランドチームでは、購入意向や購入理由を調査していて、行動も分かりやすいので【購入】や【興味】の段階はスムーズに進めやすいでしょう。最初から【満足】を記述できるほど消費者やブランドを理解できているなら、【現状】の次に【満足】を描いても構いません。この場合、【満足】を中心に、【再購入】を示し、【購入】【興味】へとさかのぼると描きやすいでしょう。

【発信】

経験的には、【発信】と【満足】のパーセプションは互いに似ているようです。口コミなどの【発信】の主要素は、満足な（あるいは不満足の）ブランド体験に起因するからでしょう。【発信】は、ほかの消費者への〈知覚刺激〉として機能しますが、広告とも広報とも異なる影響を与えます。

【発信】はＳＮＳ上の評価や写真、動画の共有だけではありません。ユーザーが、親しい人とブランド体験を共有してくれることなども含みます。ユーザーの周辺には同様の価値観やライフスタイルをもつ人が多く、同じ問題や課題を共有する人々もいることでしょう。誰かと一緒に使い、ブランドを紹介してくれる状況を把握することも、重要な消費者理解です。

この段階まで進んだユーザーは、市場創造後の新しい属性順位で「いい商品」を評価し、ブランドの使用体験に【満足】し、継続的に【購入】し、使用は習慣化しています。自分自身を「このブランドのユーザーだ」と認識し、「このブランドがないと困るな」と思ってくれているかもしれません。【満足】はポジティブな【発信】に必要ですが、【満足】さえしていれば【発信】してくれるわけではありません。動機づけが必要です。

【発信】までは、お金や時間や労力を使ってブランドを【購入】し、使用を通してベネフィットを体験してもらいました。【発信】では「消費者本人の社会的な信用」を使って「紹介した人たちに感謝される」などの社会的な報酬や満足を得てもらいます。状況によっては、個人的な信用や感謝ではなく、金銭的な報酬を期待しているかもしれませんが、いずれの場合でも、発信するユーザーがなにを

図表5-4　消費者は発信によって、社会的な報酬を得る

〈状態〉	消費者が払うもの	消費者が手に入れるもの
【現状】から【再購入】まで	お金、時間、労力を使って	機能からベネフィットを得る
【発信】	社会的な信用を使って	社会的な感謝や尊敬、承認を得る

ブランドについて消費者が発信する際の動機を理解しておくことが重要。

期待しているのか、動機を理解しておきましょう。

【発信】の動機を理解するには、「消費者自身の自我や理想の自己像」と、「ブランド体験を共有したい相手やコミュニティ」の2要素を意識すると分かりやすいことが多いです。実際に発信している人たちの様子を理解するのは近道かもしれません。誰に対して、どのような内容を、どのタイミングで、どの経路（SNSか、レビューか、会話中の口コミか）を通して話されているのか、理解しましょう。

インフルエンサーによる推奨などは、直接的に売り上げに貢献することもあります。「大好きなインフルエンサーが使っているから私も買う」といった例です。この場合のニーズは「大好きなインフルエンサーと同化したい」であって、必ずしもブランドのベネフィットにもとづく【興味】ではありません。インフルエンサーへの関与度は強化されますが、ブランドへの関与度は高くなるとも限りません。

ブランドマネジメントでは、課題の【認知】段階で代替商品を探索する際に見つけてもらったり（例：「そういえばイン

スタグラムでこのブランドをよく見る」）、【購入】のきっかけのひとつ（例：「フォローしているインフルエンサーも使っているみたいだし、買ってみるか」）として使ったりすることが多いでしょう。

また、ユーザーからのさまざまな【発信】に、新しい発見やラーニングを見出せることもあります。消費者からの【発信】は、自分たちの活動に対する貴重なフィードバックでもあるので、よく見聞きしましょう。

【試用】

【試用】では、ブランドを使用する直前の第一印象をつくり、【満足】の前提となる期待値が設定されます。はじめてパッケージを開けたときに感じる香りの印象、はじめてスイッチをいれたときの機器の演出、はじめて手にとったときの手触りの驚きなどは、重要な第一印象をつくります。店舗などの空間であれば、飾りつけや香りといった雰囲気の演出、店員との最初のやりとり、インテリアの肌触りや温度などの感触を通して、期待がつくられます。

実際の消費者が、視覚、聴覚、触覚、嗅覚、味覚を通して、どのような順番でなにをどう知覚し、どう感じ、どう解釈するのか。そして、どのような驚きや感想が出てくるのか、理解します。はじめて使うときの情動的な反応は大きくなりがちですから、反応の方向を見定め、驚きを期待へとつなげます。「ふーん、こんな感じなのか」というニュートラルな反応でも、それらをベネフィットの兆候や固有の機能の連想と感じてもらうことで、「おぉ、すごい」とポジティブな感動につなげられることがあります。

消費者理解の方法にも少し工夫が必要です。手軽に使用できる製品カテゴリーであれば、消費者インタビューなどで実際に使ってもらいながら感想を聞き、その場で反応を観察することが、発想のきっかけになることがあります。また、自宅での使用シーンを動画などで記録してもらうのも、驚きや満足の瞬間を理解するのに効果的です。五感のうち、どの感覚器が使われているか、意識してみると新しい発見があるかもしれません。また、自分自身が感動的な体験をしたときには、忘れずに覚えておきましょう。後々、ヒントになることがあります。

【購入】を【訪店】とした場合には、【試用】は店舗に立ち寄り、店頭でブランドを手にする段階です。カテゴリーやブランドによっては、【お試しレッスン】や【試乗】、【お試しキットの配布・使用】、【アプリの課金前の無料サービス体験】などと記述されるかもしれません。

【認知（課題の認知）】

〈パーセプション〉の変化も、これが最後の箇所です。【認知】つまり課題の【認知】の段階で、【現状】とブランドへの【興味】をつなげます。その際、ターゲット消費者には問題や課題解決の手段として、なるべく自発的にブランドを探してもらえることを目指します。「いままで使ってきたこの商品は、いまの私には合っていないかも。この問題がうまく解決できないし」と思ってもらえれば、新たな「探索」がはじまります。既存の問題を解決する新しい課題の【認知】は、重要属性の順位の転換をもたらします。「いい商品」の定義が変わり、市場創造がなされるのは、この段階です。

ファブリーズの事例を思い出してみましょう。置き型消臭剤ユーザーの「部屋がニオうという問題は、空気のニオイが課題だ」というパーセプションから「部屋がニオうという問題は、空気というよりも、布のニオイが課題だ」と変化したことで、「いままで使ってきた置き型の消臭剤では、私のニーズに合ってないかも」というパーセプションが生まれました。「布のニオイを取る」商品を探索してくれれば、ファブリーズの広告やコミュニケーションを発見できます。実際、ファブリーズこそ、ほとんど唯一の解決策であると自発的に【認知】されました。

アリエールの場合は、直接競合である他の洗剤ブランドのユーザーからの選好が必要でした。「洗濯物をきれいに洗う洗剤が欲しい」という普遍的な問題に対して、「きれいに洗うとは除菌を含むべきだ」という課題を受容してもらうことで「いい洗剤」の定義が変わり、市場創造が成立し、アリエールが選ばれました。事例でも説明したように、「いままでの洗濯だと菌が残っているかもしれない」という認識や「部屋干しでニオうことがある」といった体験の想起を知覚刺激として「除菌ができるといい」という課題が【認知】されました。

広告などで新しいベネフィットを知ることで「あ、これはいま使っているブランドではできないな」と思うこともあれば、ニュースや記事をみた消費者が新しい課題に自ら気づくこともあります。アリエールやファブリーズの事例のように、消費者がその製品カテゴリーを使っている理由をよく理解することで、消費者の新しい気づきを喚起するヒントが得られるかもしれません。

この【認知】の段階で考えるべきは「ブランドの名前を覚えてもらうために、いかに注目されるか」ではなく、「消費者が抱える問題のよりよい解決策を、いかに探してもらうか」です。理想的にはブランドへの関心の低さを広告の質や量で補うのではなく、消費者が積極的にメッセージを受け取りやすい仕組みをつくります。そのためには、消費者が解決したい問題を、新しい課題へと解釈し直し、消費者に受容してもらえばいいのです。つまり、普遍的なニーズに対して、具体的な「いい商品」を提案していきます。

具体例で考えてみましょう。例えば「家族で出かけるクルマが欲しい」という普遍的なニーズを想定します。1990年代には「家族で出かけるクルマとはすなわち、静粛性などの居住性能とステイタス感があるクルマだ」との解釈が消費者に受容されて「いいクルマ」の定義となりました。つまり、「家族で出かけるクルマが欲しい」という問題は、「居住性能とステイタス感」という課題に解釈されたのです。そして、当時よく売れたのはセダンです。2000年代になると同じ問題に対して「子供とみんなで楽しめる広い車内空間」や「おじいちゃんやおばあちゃんも一緒に乗れる7人乗り」という課題が提案されました。「家族で出かける」点は同じですが、「広い車内空間」という属性が新しく受容されました。その結果、ミニバンやワンボックスが「いいクルマ」の主流として隆盛しました。2010年代でも同じく「家族で出かけたい」のですが、「環境負荷や家計負荷の低減」が新しい重要属性として受容されたのでハイブリッド車が「いいクルマ」として人気になりました。どの時代でも「家族で出かけるいいクルマ」が欲しいのですが、具体的な「いいクルマ」の定義は、時々に提案され、受容される課題によって変化し、主流の車種が変わってきました。

このように新しい提案が受容されると、製品属性の重要度の順位が転換し、「いい商品」の定義が変化します。これはマーケティングの定義でもある「市場創造」を実現するための根本原理です（**コラム#2を参照**）。「いいクルマ」の定義が、セダンからミニバン、そしてハイブリッド車へと変化するたびに市場は再創造されています。市場シェアの首位ブランドが変わるのもそのタイミングです。一般的に、カテゴリーのリーダーとなっているブランドは、自ら「いい商品」の定義を新しく提案し、自身の市場を創造しています。競合他社がそうしたブランドを真似るのは、新しい定義に同意する行為ですから、先行するブランドに有利に働くことが多いでしょう。こうした市場創造の経緯を示す事例はあちこちの製品カテゴリーで観察できます。むしろ、例外がほとんど見つかりません。それまで消費者が気づいていなかった新しい課題が【認知】されると、消費者はよりよい代替手段の「探索」をはじめます。「いま使っているブランドでは、ちょっと足りないかも。いい代替品がないかな」というパーセプションです。

この段階は、歴史的に【認知】と呼ばれているので、その呼称を引き継いでいますが、肝要なのは「ブランドの認知」ではなく、「解決すべき課題の認知」だという点です。同時に「代替ブランドの探索」も起きています。そこで、市場創造を主要なミッションとしている場合では、この段階を【課題の認知】と【代替手段の探索】に分割すると有意義な場合もあります。分割することで、それぞれの経路を丁寧に記述し、計画しやすくなるでしょう。

マスマーケティング全盛だった20世紀には、十分に解決されていない問題がたくさん残っていました。日々の生活で不満足も頻繁に経験していましたから、消費者はつねに「探索」状態にあったのかもしれません。そうした市場環境では、まだ満たされていないアンメットニーズを発見する手段として消費者調査が重要でした。いまでもマーケティング≒市場調査という認識が残っていることがありますが、それはこの時代の名残です。日常的に「探索」状態にある消費者の「注目」を派手な広告で喚起し、効率よく【興味】につなげられた市場環境下では、Attention→Interestという経路は合理的です。日常生活から明確な不満足がなくなり、消費者が「探索」状態ではない現代においては、新しい価値判断の基準や課題を提案することがますます重要になっていきます。消費者自身も認識していないけれど、提案されれば素晴らしいと思えるような新しい価値や課題、それにともなう属性順位の転換は、社会環境やテクノロジーなど世の中の変化に伴って次々と生まれてくることでしょう。

【現状】の調整

ここまで、〈パーセプション〉の変化を想定しました。いちばん最初の【現状】を示す（a.）の〈パーセプション〉から（b.）、（c.）へと順番に変化をたどってみましょう。【購入】の（d.）を無事に突破し、（f.）で十分に【満足】を感じて、【再購入】の（g.）にたどり着けるでしょうか。蓄積してきた質的・量的な消費者理解に照らし、無理や違和感はないでしょうか。水が上流から下流に向かって抵抗なく流れるように、消費者の〈パーセプション〉が上から下までスムーズに変化していくようなら、ひとまず合格です。これをベースに次のステップに進みましょう。不安な部分があれば、消費者調査で確認します。

すでに市場導入されているブランドであればユーザー、特にロイヤルユーザーに【試用】から【再購入】に至った経路を確認し、大きなずれがなければ安心です。新ブランドや新商品の導入で、まだユーザーがいない場合には、仮説にもとづくコンセプトボードや仮の広告などの〈知覚刺激〉を用意して、〈パーセプション〉が予想通りに変化するか、インタビューなどで確認します。もし【現状】

に複数オプションを残したままであれば、このタイミングでひとつを選びます。その際、購入後の【満足】へとスムーズにつながることを重要な基準としましょう。これで、〈パーセプション〉の変化の全体像が完成です。

〈行動〉の記述

それぞれの段階の〈パーセプション〉に対して、典型的で現実的な〈行動〉を書き入れていきます。標準サンプルに示された記述がそのまま適用できるかもしれないので、参考にしてください。〈行動〉なので「～と思う、～と感じる、～が気になる」など、〈パーセプション〉の記述にならないよう注意しましょう。一般的な指針として、〈行動〉には外から観察できることを書きます。思う、感じるなどは、外からの観察では分かりにくいため、〈行動〉ではないと判断できます。〈パーセプション〉と同様、ロイヤルユーザーの〈行動〉はヒントが多いでしょう。

〈行動〉の記述が完成すれば、骨組みの出来上がりです。これを実現するためのマーケティング活動を設計していきます。つまり、〈パーセプション〉の変化をもたらす〈知覚刺激〉の設計です。

CHECKLIST

□ユーザーがブランド体験を誰かに話したいと思うときの気持ちは明確ですか。

□ロイヤルユーザーが「このブランドを使っていてよかった」と思う瞬間はどのような瞬間ですか。

□ユーザーがはじめてブランドの製品に接したとき、どのように感動しましたか。

□競合ユーザーが代替ブランドの探索をはじめたとき、あるいは自ブランドにたどり着いたときのパーセプションは明確ですか。

□ターゲット消費者は、どのような問題を解決したいと考えていて、なにを課題と理解していますか。ロイヤルユーザーではどうですか。

5-6 ステップ④〈知覚刺激〉と〈メディア〉のつくり方

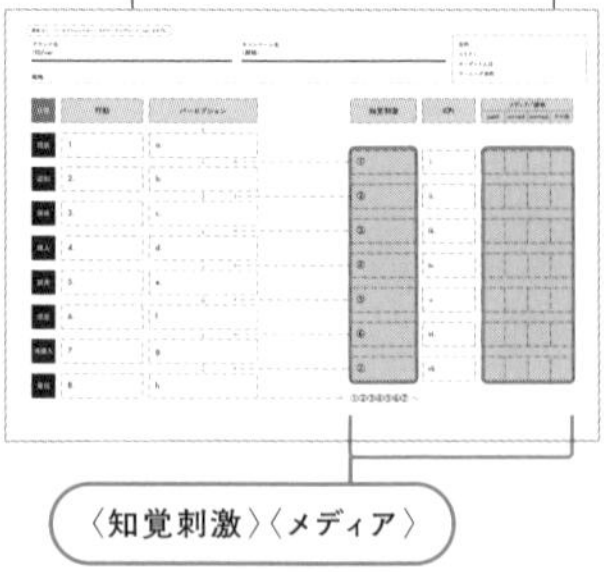

〈知覚刺激〉〈メディア〉

あくまでも消費者を中心に据える

〈パーセプション〉と〈行動〉の変化が描けたら、〈パーセプション〉の変化を促す〈知覚刺激〉と、その〈知覚刺激〉を届ける〈メディア〉を考えていきます。〈知覚刺激〉は、文字通り「知覚」される「刺激」なので、製品そのものから広告、パッケージのデザインや店頭の様子、販促施策や価格など、あらゆるマーケティング活動、４Ｐのすべてを含みます。「意味を解釈できるあらゆる活動」はメッセージであり、〈知覚刺激〉となりえます。

マーケティング活動の中には、流通業者に向けた施策や、競合を強く意識した活動もありますが、最終的には消費者のパーセプションや行動への影響を期待すべきです。「流通企業に施策を要求されたから」とか「競合ブランドが導入してくるから」だけではなく、「消費者に店頭で見つけてもらう」とか「消費者が競合に興味をもたない」ための活動であるべきです。「消費者のパーセプションにどのように影響するか」と、消費者を中心に据えましょう。もし、間接的にも消費者のパーセプションに影響を与えないのなら、そのマーケティング活動は不要です。〈知覚刺激〉や〈メディア〉を設計するとき、重要なのは「施策ありき」で書かないことです。テレビ広告やイベント、新しい動画やウェブサイトの制作など、特定の活動を前提として〈知覚刺激〉を設計することがあります。既定路線の活動を割り当てるだけでは、消費者中心ではなく企業中心になりかねません。

あらためて、「知覚刺激が作用した結果として、パーセプションが変化する」という関係が成立していることがとても重要です。パーセプションフロー・モデル全体の整合性が担保される根拠であり、全体の成否を分けることもあるので注意しましょう。

各〈パーセプション〉に作用し、次の段階への変化を促す〈知覚刺激〉を記述しつつ、それぞれに適合性の高い〈メディア〉を示していきます。規定のフォーマットのメディア欄には一般的な「Paid」、「Owned」、「Earned」に加えて「その他」があります。「Paid」はテレビやインターネットの広告枠など、ブランドが「購入」して使うメディア、Ownedは自社ウェブサイトなど、ブランドが「保有」しているメディア、「Earned」はニュースやSNSで話題になるなど、ブランドが「獲得」するメディアです。そして、「その他」は、製品そのものや流通の売り場といった〈知覚刺激〉の媒体を指します。いずれも、Owned（製品やパッケージ、自社店舗など）やEarned（小売店舗の売り場への配荷など）、あるいはPaid（借りている店舗スペースなど）に分類できるはずですが、一般的には〈メディア〉とは認識されにくいので「その他」に集約して可視化します。

①【現状】から【（課題の）認知】

〈知覚刺激〉

社会環境の変化や、引っ越し、結婚や出産といったライフステージの変化などにともない、人生の価値観や生活のリズムが変化します。また、環境は変化しなくても、技術革新や製品開発によって、問題のよりよい解決法がうまれることもあります。そこで、①の〈知覚刺激〉では、解決すべき問題が新しい課題と解釈されたり、いままでにない解決方法が提示されたりします。クレイトン・クリステンセンの『ジョブ理論』を応用する場合には、この〈知覚刺激〉で、ジョブを提示します。「いま使っているブランドでできる問題解決では、もはや十分ではないかもしれない」と気づくパーセプションをもたらすことで、市場創造につながる「いい商品」の新しい定義を提案し、「代替案の探索」という行動を促します。

この段階で、消費者の現在の解決方法や行動を正面から否定したり、過剰に怖がらせたりする方針をとることがあります。新しい課題や技術をドラマティックに提示できますが、消費者の反応は冴えないかもしれません。自分が正しいと信じてきた行動を否定されると、真偽はともかく反発に似た感情が生まれることがあるからです。その場合、【現状】を否定するのではなく、さらによくなることを示すのは、ひとつの有効な方法です。

また、解決すべき問題が起きる仕組みを、客観的に説明して、課題を明らかにするアプローチも有益です。ファブリーズの「部屋のニオイ（≒解決すべき問題）は、実は布のニオイが原因（≒解釈された課題）」

はその一例です。「解決すべき問題は、実はこの課題が原因でした」という構文で表されるので、「解決すべき問題」と「課題」に自ブランドの状況を示す適切な言葉が見つかれば、適用できます。

〈メディア〉

この〈知覚刺激〉の〈メディア〉は、ブランド発である必要がなく、ＫＯＬ（Key Opinion Leader）などの専門家やインフルエンサー、ニュース性の高いメディアによる発信が有効なことがあります。戦略ＰＲといった手法の主要な使い所です。店頭活動と連動するタイミングがシビアであるとか、競合が対応する時間を与えたくないなど、新しい課題の【認知】を早急に確立しなくてはならない場合には、大量の広告出稿で伝達速度を加速することもあります。大型ブランドの大規模な新商品や、競合活動が盛んな市場では一考に値します。

②【認知】から【興味】

〈知覚刺激〉

ベネフィットの素晴らしさや、それをもたらす機能・性能などを、ブランドから直接的に伝えます。消費者が（b.）のパーセプションで新しい課題を【認知】し、代替ブランドの探索をはじめていれば、解決策としてブランドの話を積極的に聞いてくれるでしょう。通常、ブランドがいかに優れているかという「機能」の話より、消費者にどのようなよいことがあるかという「ベネフィット」の話が有効です。主語をブランドではなく消費者とし、表現を課題に関連づけることで、聞いてもらいやすくなります。**本章2項**で説明したように、ターゲット消費者の自我、大事にしている人間関係などを反映し、自分ごと化を促すと効果的です。

〈メディア〉

この〈知覚刺激〉は直接ブランドの話なので、Paidの広告が中心です。ウェブサイトやメール、SNSなどのOwnedのメディアも併用します。タイミングをうまく管理できれば、アンバサダーやファン、エヴァンジェリストなどのEarnedも説得力があり有効です。「売れている印象」や「話題性」の演出など、側面支援として広報活動を使うこともありますが、「露出を取るための安価なメディア」ととらえるのは非効率で不適切な場合が多いでしょう。情報が氾濫している環境下においては、漠然としたブランド露出の意味は薄くなってきています。

③【興味】から【購入】

〈知覚刺激〉

前段階でブランドへの【興味】、つまり購入意向は確立できているので、③の〈知覚刺激〉の役割は【購入】を正当化するきっかけや口実の提供です。**本章4項**の【購入】で示した、典型的な8つのきっかけ（「1：時限性のお値打ち感」、「2：経済性の強化」、「3：必要性の強化」、「4：他者を巻き込む」、「5：社会正義などの規範」、「6：準拠集団などの規範」、「7：動機づけやご褒美」、「8：記念日やお祝いなど」）を参照してください。

〈メディア〉

この〈知覚刺激〉は【購入】の「きっかけ」なので、店頭の販促施策や販売員との会話、ECの購入のページなど「購入する場所」に存在できるメディアが有効です。

④【購入】から【試用】

〈知覚刺激〉

【購入】の高揚感をポジティブな使用体験や【満足】につなげるために、ベネフィットの示唆を提供します。製品やサービスに、はじめて直接的に触れる段階です。ここまでは媒体を通したコミュニケーションで、〈知覚刺激〉は視覚や聴覚が中心です。モノ性のあるブランドであれば、操作や動きを通した〈知覚刺激〉(蓋などの開閉の感触など)、触覚(表面の感触や手に取った際の重さなど)あるいは嗅覚などを〈知覚刺激〉として使えます。感覚器が多い分、驚きや意外性などを喚起し、効果的にパーセプションの変化を促すことが可能です。

また、購入から入手まで数日かかる通販やECなどでは、手元に届いたときには購入の高揚感が希薄になっていることがあります。郵送用のパッケージなどに、開封や試用を促す工夫が有効なこともあります。

〈メディア〉

この〈知覚刺激〉は、特に視覚や聴覚以外の感覚器を意識します。パッケージの内外装、製品そのもののの質感、店舗の雰囲気など、触覚、嗅覚、味覚を伝達する〈メディア〉を意識しましょう。

⑤【試用】から【満足】

〈知覚刺激〉

ブランドの使用を通して、優れた製品性能を実感してもらいます。**本章2項**の議論のように、ブランド体験が期待を超えることで【満足】が実感されます。使い方が悪くて満足のいくブランド体験にならなかった、という事態は回避しなくてはなりません。ポンプやスプレーなどのデバイス（器具）、使用時のＵＩ（ユーザーインターフェース）、操作性や使い方の分かりやすさなどを整理します。正しい量、正しいタイミング、正しい使い方を促す仕組みを確立しましょう。

4章4項で示したように、製品自体が正しい使い方を導く〈知覚刺激〉を提供していると効果的です。行動経済学のナッジと呼ばれる知見や、アフォーダンスの考え方などが役に立ちます。ナッジというのは肘でそっとつつくという意味の言葉ですが、オランダのスキポール空港の男子トイレの小便器の内側に描かれたハエの絵などが有名です。みんながこのハエをめがけて用を足すので、飛び散りません。掃除の費用などを8％も削減できたそうです。アフォーダンスは、玄関のタイルの目地が有名です。タイルの目地は、雨の日には傘の石突き（取手の反対側にある先端部分のこと）を立てかける目印になります。水滴が垂れても目地を伝うので、タイルを濡らさずにすみます。ハエの絵と違って、タイルの目地は傘を置く目的で用意されたものではありませんが、効果は似ています。直感的に、消費者に使い方を示唆します。

〈メディア〉

この〈知覚刺激〉は、ブランドの製品やサービスの使用経験そのものです。消費者の期待を適切かつ確実に超える必要があります。正しく使い、正しく評価し、【満足】につながるための主要な〈メディア〉は製品まわりです。使用体験がうまく提供できるよう整備しましょう。

⑥【満足】から【再購入】

〈知覚刺激〉

ブランドの使用が習慣化して愛着が高まったり、ブランドを自分の一部のように感じたりして、「これは私のブランドだ。なくなると困る」と考えるユーザーが増えることは、ブランドの成長と永続に通じる王道です。ここで使える〈知覚刺激〉として、3つのアプローチを考えてみましょう。

ひとつ目は、習慣化を促すアプローチで、直接的に行動に作用します。例えば、継続使用によるベネフィットを体感しやすくしたり（連続使用を促す「14日間チャレンジ」といったキャンペーン、体重や肌の様子などベネフィットにかかわる変化の可視化を促すアプリやウェブサイト、マイレージポイントの提供、など）、習慣化の仕組みを構築したり（部屋や棚、カバンの中、冷蔵庫の中などに自ブランド専用の置き場所を確保する、朝食や洗顔など確立された習慣の一部になる、など）、大事な誰かとの日常的な繰り返し行動に採用される（スマートウォッチなどの搭載アプリが親子の連絡を担う、など）、定期購買を促す仕組みの確立（サブスクリプション制度や、定期的なリマインダー、など）といったことが考えられます。

ふたつ目は、ブランドへの関与度を高めるアプローチです。完成に参加させる（容器からグラスや器に移すなどして完成させる、定型外の自分流の使い方や食べ方を促す、組み合わせやアレンジを勧める、カスタムやチューンナップを可能にする、など）、二次創作を促す（ブランドを対象としたプラモデルやペーパークラフト、塗り絵や写真撮影、詩歌や作文、作曲やダンスなど創作活動や模倣を動機づける、言ってみたくなる語呂のいい言葉などを用意して発話を促す、真似したくなる動作や使い方を示す、など）、公開された自己像に関連づける（使用状況などブランドと一緒に写真をとって投稿を促す、など）、ブランドとの関係を自身やコミュニティに明示させる（ブランドロゴなどが描かれたステッカーやTシャツを用意する、など）といったことが可能です。

３つ目は、ブランドスイッチに掛かるスイッチコストを理解してもらうアプローチです。習慣化は退屈につながることもありますが、安心や節約などももたらします。習慣化することで、代替品を探して比較する労力や、新たにやり方を覚える面倒などを回避できます。費用や労力、時間など経済観念に働きかけるので、習慣化やブランドへの愛着とは異なる利便性を提供します。競合ブランドへの移行に前向きになりにくい仕組み（操作手順や使い方が異なる、サイズや量があわない、番号やデータなどを継承しにくい、新しい手順が必要、自分の好みをはじめから覚えてもらう必要がある、など）に気づいてもらうといった手法が考えられます。とはいえ、柵を設けて外に出られなくするような継続使用は、満足度が低下するリスクもあります。解約手続きを増やし、初期投資を高めて離脱しにくくするといった方法がそれにあたります。自発的なロイヤルティの醸成につながりにくく、ブランドの長期的な成長・存続には向きません。スイッチを阻害するのではなく、ブランドの居心地をよくするアプローチが健全です。ロイヤルユーザーの使い方をよく観察するとヒントが見つかると思います。

〈メディア〉

習慣化の〈知覚刺激〉の提供手段・メディアは、消費者向け販促キャンペーン、製品パッケージのサイズや形状の最適化、定期的な購入の仕組みなどが典型的です。関与度を高める〈知覚刺激〉では、共創の仕組みの構築、参加型の施策やイベントの開催、ユーザーによる使い方や感想の投稿、ステッカーなどのノベルティの提供などがよく見られます。また、二次創作を促すためには、版権や規制の緩和、材料や素材の提供、投稿や交換を促進する発表機会の開催などが提供手段として考えられます。スイッチコストの理解では、製品そのものの使い方、製品を入手する仕組み（オペレーションシステム）などが提供手段・メディアとして機能するでしょう。

⑦【再購入】から【発信】

〈知覚刺激〉

【発信】の仕方には、積極的にブランドを応援するものから、たまたまブランドが言及されている程度のものまで、さまざまなレベルがあります。また、【発信】の動機も、無報酬で内発的なものから、金銭や承認など外的な報酬を期待するものまで、多種多様です。この段階の〈知覚刺激〉をうまく管理するためには、発信者の意図や動機、ブランドの言及の仕方などを理解しましょう。

ファンやアンバサダーといった、ブランドのベネフィットやパーパスに共感している人々については、ブランドの考え方やニュースなどをタイムリーに提供することで、積極的な支援を得られるかもしれません。ブランドへの共感理由を理解し、ブランドに貢献しやすく、ウィンウィンを実現する動機づけを心がけます。ファン同士を結びつけ、ブランドの価値観を中心にしたコミュニティを創出できれば、定期的な発信や投稿の動機を提供でき、関与度も高められます。ファンがお互いにコミュニケーションをとれるよう、SNSなどのプラットフォームを利用するのは有効です。

ファンやアンバサダーというほど熱心ではなく、インフルエンサーというほど広範な影響力はなくても、ブランドのユーザーは身近な家族や友人の購買行動に影響を与えています。日々の会話やSNSの発信などで、ブランドが言及されていることでしょう。ブランドによっては、家庭内の伝播で消費量を上げられることがあります。ファブリーズでは、同一世帯内で、使用者が配偶者や子供へとひろがり、消費量が拡大しました。こうした小規模の発信にひとつひとつ関与するのは難しいですが、次の4点を満たしていることで口コミが拡がりやすく、伝播力を上げられることがあります。それは、①誰もが知っている話題について、②まだ多くの人が知らず、聞く価値のある話を、③自分が投影したい自分像と一貫性のある形で、④話し上手でなくても話せるよう、起承転結のあるお話になっている、の4点です。これを「ゴシップの法則」とよびます。自分が投影したい自分像と一貫性があるというのは、「おもしろい人」と思われたければ「おもしろい話」を、「流行の先端にいるおしゃれな人」でありたければ「流行の先端の話」を提供する、ということです。

〈メディア〉

実際の会話に加えて、会員向けのコミュニティサイトなどユーザー向けのメディアや、ユーザーコメントの転載などが一般的な方法です。SNSを〈メディア〉として使うことができれば、直接的に

【発信】につながりやすく効率的なことがあります。

CHECKLIST

- □「施策ありき」の〈知覚刺激〉になっていませんか。
- □考えられるプランを全部入れ込んで、重複や無駄になっている部分はありませんか。
- □マーケターにとって都合のいい話になっている部分はありませんか。
- □〈知覚刺激〉が正しくパーセプションの変化をもたらすことは、消費理解にもとづく根拠で説明できますか。
- □〈知覚刺激〉とターゲット消費者を最適につなぐ〈メディア〉が選択されていますか。

5-7 ステップ⑤〈KPI〉のつくり方と全体最適

拡散と収束を経て最適解に近づく

最後に、全体最適を確認し、継続的な改善の道しるべとして〈KPI〉を設定しましょう。〈KPI〉

を明確に決めないまま、実行段階に移行する例もありますが、ＰＤＣＡをうまく回して継続的なラーニングを蓄積するためにも、実行前に設定しておくことをお勧めします。

目的と戦略を念頭に置きつつ、拡散と収束、探索と選択を繰り返しながら、あっちを足しこっちを引き、紆余曲折を経て絞り込まれていくのは、マーケティング活動を設計する際の正統なプロセスのひとつです。各項目を行ったり来たりするのは、モタつきや不手際ではなく、各部のバランスをとり、全体最適を実現するのに必要です。開発段階の拡散と収束について、傾向などを示しておきます。

［**探索と拡散**］

材料を揃えたら、頭から一直線に全体を書き上げる腕利きもいますが、きわめて稀です。多くは、行ったり来たりしながらつくられます。パーセプションフロー・モデルをつくりながら、複雑なマーケティング活動の各部分と全体像の関係が可視化されるので、マーケター自らが視覚的に気づけることもたくさんあります。作業を通して新しい消費者理解やインサイトが加わり、資源を解釈し直し、議論によって発想が拡散されることでしょう。こうしたアイデアの拡散や新しい可能性の探索は、パーセプションフロー・モデルを開発する際の、有意義な副産物ともいえます。

いままでにない消費者理解や発想があれば、それらを材料に新しい施策やコミュニケーションが開発できます。知覚刺激を考えているうちに、異なるパーセプションの変化や経路が見えてくるかもしれません。脇道にそれて、意外な気づきや思いつきに遭遇することもあります。こうした拡散と探索はいずれ強力なアイデアに昇華することもあるので、うまく拾い上げ、つなぎ止めておきましょう。

整合性は、先に進んでからでも、戻って取り直せばいいのです。

［選択と収束］

拡散と探索の後に、いずれ1本に収束する必要があります。「可能性の幅を狭めたくない」という理由で、選択や意思決定を避けるべきではありません。ブランドの根幹に関わるターゲット消費者やベネフィットを絞りきれず、パーセプションや行動の変化、知覚刺激などに複数の選択肢を並列させたくなることもあるかもしれません。選択肢＝可能性と認識すると、事態はどんどん複雑化します。しかしそれでは、いつか使うかもしれないから、と不用品が溜まった部屋のように、手がつけられなくなってしまいます。どこになにがあるのか、どのような方針でなにを訴求しようとしていたのか、分からなくなっては意味がありません。

最適解を探索する段階では、アイデアや可能性をさまざまに広げるのは正しいことですが、最終的には最適な1本に絞るのだ、という覚悟をもちましょう。製品成分の組成、パッケージの形状や色などのデザイン、容量やサイズと価格など、プロジェクトが具体的に進んでいけば、いずれにしても選択する必要があります。よしんば複数のバージョンを用意できたとしても、消費者の頭に残るのは限定的であるというのが、情報氾濫の現実です。時間切れと物理的な制約によって消去法的に残った選択肢ではなく、消費者理解とブランド戦略にもとづいた主体的な意思決定を経た選択肢は、必然的に高い成功率につながります。

さらに、選択肢を持ち続けるのは、可能性を広げるというより有限の資源を空費することにつながります。棄却される選択肢に貼りつけた人員や時間、経費や作業は、最終的にはムダになっていきます。いい戦略が成功をもたらすのは、目的や競合に対して資源優勢をつくりだすからです。効果的な資源優勢のためには、無用な選択肢による資源の浪費は防がなければなりません。

〈KPI〉はこう設定する

ひと通り、〈パーセプション〉と〈行動〉の変化、〈知覚刺激〉を書き入れたら、最初から通し読みしてみましょう。〈パーセプション〉(a.)、〈行動〉(1.)、〈知覚刺激〉①、〈パーセプション〉(b.)、〈行動〉(2.)、〈知覚刺激〉②という順番でフローをたどっていきます。違和感なくスムーズに【発信】の〈パーセプション〉(h.)、〈行動〉(8.)までたどり着けたら、それぞれの〈知覚刺激〉に呼応した〈メディア〉も確認します。〈知覚刺激〉を最適に提供できる手段が示されていることが確認できたら、パーセプションフロー・モデルの主要構造が出来上がりです。あとは、〈KPI〉を示せば完成です。

パーセプションフロー・モデル上の〈KPI〉は、3つの異なる種類に分けられますが、一覧性を高めるために枠はひとつに集約しています。必要に応じて、それぞれ分割して記述してもいいでしょう。3つの種類とは、①「消費者の行動やパーセプションの変化の度合い」についての指標、②広告表現や製品性能の完成度など「知覚刺激の質」についての指標、そして③宣伝費用やメディア量、あるいは配荷率など「知覚刺激の提供量や頻度、到達度合い」についての指標、です。

3つのうち、もっとも重要なのは①の消費者のパーセプションの変化ですが、アンケート調査などを必要とするためタイムリーに計測しにくい、という難点があります。行動の変化は計測もしやすいので、擬似的な〈ＫＰＩ〉として有効な場合が多いです。②の「知覚刺激の質」や③の「知覚刺激の量」は、ブランドが直接管理できる要素なので、活動の振り返りや修正にも使いやすい指標です。いずれの計測も「予定通り達成できたか否か」に加えて、「いかに改善すべきか」を示唆できると有意義です。

３種類のいずれの〈ＫＰＩ〉を設定しても、すべての〈ＫＰＩ〉が達成されれば、枠外右上に示された目的を達成できる、という論理的な一貫性を確認しましょう。この作業を怠ると、数値ターゲットは達成したのにビジネスの目的が達成されていない、という事態を招きかねません。

①【現状】から【(課題の)認知】

解決すべき問題への関心の度合いや新しい課題の認知率、カテゴリーのエントリーであればカテゴリーの認知率などが代表的です。ネット上の行動ログデータなどがあれば、代替案の探索の度合いといった検索行動の計測も有効です。

②【(課題の)認知】から【興味】

購入意向率が代表的です。ブランドやベネフィットの認知率、ベネフィットへの関心の度合いなども有用です。

③【興味】から【購入】

購入率が代表的です。その構成要素として、配荷率や店頭での露出率（山積み率）、どこで買えるか理解していることを示す販売経路認知率なども重要です。実売価格や競合との価格差、消費者の価格認識なども重要な指標となることがあります。【購入】を【訪店】などと置き換える場合では、店頭などでの試用意向率を計測することもあります。

④【購入】から【試用】

試用後の期待値が代表的です。カテゴリーやブランドによっては、購入から使うまでの時間があくと期待が弱まります。期待値が低いときには、【購入】から【試用】までにかかる時間なども確認しましょう。

⑤【試用】から【満足】

使用後満足の割合などが代表的です。正しい使い方ができている割合、使い方の説明の分かりやすさ、再使用の意向なども関連する指標です。「消費者はどのように満足を感じているか」といった質的な理解も、製品改良などに反映させられるので有益です。

⑥【満足】から【再購入】

再購入意向、使用頻度や使用量、ＳＯＲ（Share of Requirement：ユーザーの自ブランド使用割合を示したシェアで、ロイヤリティを示す尺度です。例えば、ある期間にAビールを5本、Bビールを3本、Cビールを2本、合計

10本のビールを飲んだ場合、AビールのSORは5本／（5本＋3本＋2本＝10本）＝50％と計算できます）などが代表的です。商品の置き場所や家庭内のストック量なども習慣化をうながすことがあります。ブランドスイッチの際のスイッチコストの理解の度合いなどは、スイッチするリスクの評価に有効です。

⑦【再購入】から【発信】

NPS（Net Promoter Score）などの推奨意向の度合い、SNSへの投稿量や頻度、その露出量、ファンイベントやブランドコミュニティへの参加度合いなどは、ユーザーの社会的な影響力やロイヤリティの評価に使えます。

「飛ばない飛行機」にしてはならない

飛行機技師でなくても飛行機の絵は描けますが、その通りに製作してもまず飛びません。パーセプションフロー・モデルも、少し似たところがあります。明らかにパーセプションフロー・モデルの形状であっても、そのままの実行が消費者に響かないことがあります。そうならないために、〈KPI〉まで完成したら、あらためて、既存のすべての消費者とブランドの理解を総動員して、枠外最上部から全体を見直しましょう。「きっとなにか間違いがある」という批判的な視点をもつことで、作成時の見逃しに気づけるかもしれません。

施策ありきで作成した場合は、その部分に無理や負荷が掛かっていることがあります。そもそも「施策ありき」で設計すべきではありませんが、不可避の場合には、前後を含めて手当てをしておきます。また、不発に備えてプランB（バックアップ）を用意しておくと安心です。資源にプランBの余裕がない場合、早めに不調をつかめるような〈KPI〉を設置しておきましょう。

隣のブランドや広告会社のマーケターなど、直接設計に関わらなかった第三者に見てもらうことも有効です。担当ブランドについては、自分たちでは気づきにくいバイアスが掛かっていることがあります。第三者の視点なら、そうしたバイアスは掛かりません。完成したパーセプションフロー・モデルを一緒にたどり、質問してもらうだけでも発見があると思います。

パーセプションフロー・モデルが組織で機能するためには、CMOやマーケティング本部長などの、公式の承認が不可欠です。完成版は承認を得ておきましょう。消費者理解にもとづいて、論理的に構築されたパーセプションフロー・モデルであれば賛成してもらえると思います。最新の消費者理解やブランド戦略との一貫性、多機能チームの賛同なども同時に説明できると心強いと思います。

CHECKLIST

□もしこのパーセプションフロー・モデルが機能しないとしたら、どこに問題がありそうですか。設定された〈KPI〉の計測で原因を把握できそうですか。

□もしこのパーセプションフロー・モデルをさらに強化できるとしたら、どこに機会がありそうですか。それは、設定された〈KPI〉の計測で把握できそうですか。

□すべてうまくいったときに、競合ブランドはどのような反応をしてくると思われますか。その反応は、設定された〈KPI〉の計測で早めに兆候をつかむことができそうですか。

□完成したパーセプションフロー・モデルは、しかるべき責任者に承認され、公式化されましたか。

5-8 ブリーフのつくり方

専門家が能力を発揮しやすい自由度を確保する

クリエイティブディレクターなどの専門家たちに仕事を依頼する際の説明をブリーフィングと呼びます。ブリーフィングのスキルは「自分ではできないことを専門家に依頼し、自分の期待を超えてもらうための技術」です。習熟すると、部下への指示や他部署との協働にとどまらず、ヘアカットから注文住宅の設計まで、自分ではできないことを、自分の期待を超えて実現してもらいたい、さまざまな状況に応用できます。ブリーフィングで重要なのは、アウトプットへの期待を明確にして、マイクロマネジメントを避け、専門家が能力を発揮しやすい自由度を確保することです。パーセプションフロー・モデルでは、〈パーセプション〉の変化に期待が明示され、〈知覚刺激〉の開発に自由度を確保しやすく、全体像も把握できるので、専門家にも好意的にとらえられることが多いでしょう。

ブリーフィングで使われるブリーフ（brief）とは「端的に書かれた指示書」のことです。クリエイティブブリーフやメディアブリーフなど、活動領域をしめす言葉とセットで使われます。サンプリングブリーフ、製品ブリーフ、パッケージブリーフ、消費者調査ブリーフなども使われます。クリエイティブブリーフは、広告のクリエイティブ（表現、作品）を開発する際に使われます。通常はクライアントであるブランドチームが書きます。ブランドチームがブリーフを書けない場合には、広告会社のアカウントエグゼクティブやストラテジックプランナーが作成し、ブランドチームの承認を経て公式化する場合もあります。

原則として、ブリーフに書かれていることは確実に達成し、ブリーフに書かれていないことを反映する必要はありません。広告アイデアの提案後に、ブリーフに書かれていない要求がクライアントから出てくることがあります。具体的な提案を目の当たりにして、はじめて自分自身の意図が明確になることもあるかもしれませんが、本来は筋違いです。アイデアの提案後にブリーフの修正をしていては、作業はやり直しとなり、効率を著しく劣化させかねません。結果的に、クライアントにとっても非効率なので、いかんともし難い場合を除き、なるべく慎みましょう。

さまざまな企業で運用されているクリエイティブブリーフから、普遍的な要素を抽出し、パーセプションフロー・モデルの運用に適合させたのがこのフォーマットです（図表5－5）。

まず文頭にプロジェクト名やＩＤ番号、ブリーフ作成者を示します。パーセプションフロー・モデルはブランドチームで開発することが多いので作成者の記名欄はありませんが、クリエイティブブリーフは個人で作成することが多いので作成者を明示します。

［目的・役割］には、期待される〈パーセプション〉の変化や、パーセプションフロー・モデル内で

図表 5-5　クリエイティブ・ブリーフ：テンプレート（ver.4.0）

プロジェクト名　　　　　　　　　　　ブリーフ作成者

目的・役割	目指すべきパーセプションや行動の変化、パーセプションフロー・モデル内での役割を示します。
事前のパーセプション	クリエイティブに接触する前の消費者の認識と行動を示します。
事後のパーセプション	クリエイティブに接触した後の消費者の認識と行動を示します。
インサイト	“インサイト”とは、広義には「消費者が自発的には明示しにくい、無意識や本音、想念（または真理や本質）を言い表したもの」です。明示しにくいのは、自分で言語化できない場合と、社会的（タテマエ的）に明示すべきではないと判断している場合があります。狭義には「現在の行動を促す、支配的な動機を言い表しているもの」です。強力なインサイトが表現されると、消費者は強く同意し、メッセージや活動を自分ごと化しやすくなります。その結果、ベネフィット（便益）への共感性やメッセージの受容性が高まります。自発的に言い当てることはほとんどないため、直接聞くものではなく、マーケターが開発します。
訴求内容	パーセプションフロー・モデルの知覚刺激を示します。TVCM などの場合は、ベネフィットを示すことが多いでしょう。役割によってはRTB（Reason to Believe：信じる理由）だけ、製品バリエーションの提示だけ、といったことも考えられます。
トーン＆マナー	ブランド・パーソナリティを示すことで、各ブランド接点間の表現上の一貫性を保ち、伝達効率を維持しやすくなります。
考慮点	クリエイティブ・アイデアに関わらず、必ず実行してもらいたい点。（発売日を示す、など。）必ずしも消費者のみに向けたメッセージではないこともあるかもしれません。
アクション・スタンダード／ KPI	事前・事後の評価などする際には、基準点と行動予定を示しておきましょう。例えば、テレビ広告のクリエイティブ評価をする際には、オンエア基準などを明示します。
スケジュール	テレビのオンエアや最終承認日など、重要なマイルストーンについては、タイミングを示しておきます。

承認サイン
代理店責任者：＿＿＿＿＿＿＿＿
日付：

承認サイン
クライアント責任者：＿＿＿＿＿＿＿＿
日付：

※テンプレート（PowerPoint版）がダウンロードできます。詳しくは297ページをご確認ください。

期待される役割を示します。開発すべきクリエイティブ表現は〈知覚刺激〉なので、**［事前のパーセプション］**と**［事後のパーセプション］**も示しましょう。パーセプションフロー・モデル全体のなかでの位置づけも明らかになります。

［インサイト］とは、広義には「消費者が自発的には明示しにくい、無意識や本音、想念を言い表したもの」です。日々の暮らしや購買行動に影響するものもあれば、どうでもいいものもあります。小説やドラマ、歌詞を好きになるときには、自分では明示しにくい本音や想念つまりインサイトを描写していることがあります。よくできた恋愛ソングが自分のことを歌っているように共感できるのは、そうしたインサイトが表現されているからです。

クリエイティブブリーフに示されるインサイトはもう少し狭義で、「行動を促す、支配的な動機を言い表しているもの」です。動機を表しているので、ニーズ的に聞こえることもあります。多くの人が共有している強いインサイトは、消費者の行動を理解したり、新しいベネフィットを開発したりするのに有益です。「言われてみればその通り」と思うことが多く、クリエイティブ表現に反映させることで、〈パーセプション〉や〈行動〉の変化に影響するきっかけとしても使われます。例えば「同レベルの他者と比較したときに、自分のキャリアに不満や可能性を感じる」というインサイトがあるので、大学や高校の同窓会をきっかけに、転職活動をはじめる人が多くいます。「書店の平積みで一番上の雑誌は、なんとなく清潔でない」というインサイトがあるので、平積みの2冊目を抜き出して買うことがあります。いずれも、自分から明言しにくいですが、〈行動〉に大きく影響しています。

［訴求内容］は、このクリエイティブで実現する〈知覚刺激〉の記述を示します。一般的には、テレ

ビ広告のクリエイティブではベネフィットを訴求することが多いでしょう。

［**トーン＆マナー**］はブランドホロタイプ・モデルの「パーソナリティ」で示される人格を記します。人格とすることで、形容詞や副詞だけで示すより情報量が増えて具体性が増し、各接点でトーン＆マナーの一貫性を維持しやすくなります。

［**考慮点**］はクリエイティブ・アイデアにかかわらず、必ず実行すべき点などを明示します。パッケージは店頭で認識しやすいよう正面を見せる、発売日や発売エリアを明示する、など営業や流通を意識した指示が書かれることもあります。

［**アクション・スタンダード／KPI**］は〈知覚刺激〉の質を担保するために調査結果で放映の可否を決定するといった場合、採用基準などを示します。放映や改修の条件を客観的に事前に示しておくことで、クリエイティブ完成後の議論や意思決定を円滑に進めやすくなります。

［**スケジュール**］にはオンエアや展開のタイミング、必要な最終承認日など、重要な期日を示し、関係者全員で共有します。

［**責任者のサイン**］欄にクライアントと広告会社、双方の責任者が承認してクリエイティブブリーフが完成とし、効力を発揮します。

5-9 よくある質問

修正と改善を繰り返すことが重要

パーセプションフロー・モデルの導入や作成、活用にあたって、これまで数多く寄せられた質問を中心にまとめました。ぜひ参考にしてください。

Q. いろいろな消費者がいるけれど、1本でいいのか？

ユーザー理解を進めると、いろいろなユーザーがいて、パーセプションの経路も複数あることが分かります。パーセプションフロー・モデルは「未来の設計図」なので、もっとも効果的・効率的なルート、つまり【現状】から【再購入】への最短距離を1本だけ描きます。「現在の状況」を網羅する必要はありません。実際の運用では、最短距離を通らずに迂回したり、立ち止まったり、段階をさかのぼったり、さまざまな消費者がいることが分かります。こうした逸脱は、最終的に収束していれば問題ではありません。中にはそのまま逸脱して回帰しない消費者もいるかもしれませんが、ターゲット消費者でなければ追いかける必要はありません。

Q．予定通りにいかなかったら、どうしたらいいのか？

もし、ターゲットとする消費者の多くが設計したルートから逸脱するようであれば、最初に設計したパーセプションフロー・モデルを改善するいい機会です。パーセプションフロー・モデルのどの部分が現実と異なり、どのように消費者理解を間違えたのか把握し、修正しましょう。消費者の現状に合わせるのではなく、〈パーセプション〉や〈行動〉の変化を観察して、消費者がブランド体験に【満足】し、【再購入】しやすい状況を提供します。事前に完璧に見通すのはほぼ不可能です。パーセプションフロー・モデルはワーキング・ドキュメント、つまり、ある瞬間で内容が固定されるのではなく、必要に応じて更新されていく性質の文書ですから、活動を通して有効なデータポイントを増やし、随時改善していきましょう。

Q．パーセプションはデータドリブンで設計することは可能か？

〈知覚刺激〉はマーケターが消費者やブランド、市場環境などにもとづいて創出しますが、【現状】の〈パーセプション〉や〈行動〉は調査や観察から描くこともできます。**6章1項**で詳述するように、ロイヤルユーザーの現状をなぞるのは、データにもとづいて現実的な最短距離を見出す方法のひとつです。パーセプションフロー・モデルは未来の設計図ですが、描かれた変化が現実的でなくては、意味がありません。消費者アンケートや行動ログデータなどを現状理解に使えるでしょう。

Q. 論理的に構築できるのは分かったが、消費者は論理的でもない。本当にその通りになるものか？

消費者は論理的に行動していなくても、起きていることは自然現象です。超常現象が起きているわけではないので論理的に説明可能です。一人ひとりの動きはランダムな要素も多く、全消費者の行動がパーセプションフロー・モデルで描いた通りになるわけではありません。それでも、ターゲット消費者全体を眺めると、ランダムな要素は相殺され、設計したパーセプションフロー・モデルとの一致が見えてきます。現実が異なる場合には、〈パーセプション〉か〈知覚刺激〉、あるいは〈メディア〉を随時、修正します。全体像と活動ごとの目的が明確なので、改善すべき箇所が分かりやすく、修正もしやすいでしょう。

Q. オムニチャネルの場合は購買の仕方が大きく異なるが、1本でいいのか？

店頭かＥＣページかによって、消費者が使う感覚器が異なるため、知覚刺激も異なります。ＥＣでは嗅覚や触覚、味覚などは使いにくいですが、店頭では有効に機能します。ＥＣを基準にすると、店頭でそうした知覚刺激を使いにくくなり非効率になるかもしれません。経験的には、店頭の購入を主経路と考えて設計することが多いようです。ＥＣに固有の〈知覚刺激〉や〈メディア〉は、各段階にＥＣ向けの補助的な記述をすることで、1本のパーセプションフロー・モデルに収まります。

ECが中心の場合には、店舗はトライアル用でECがリピート用のチャネルなどと設定するかもしれません。この場合も、【購入】は店頭、【再購入】はECとなり、1本に収まります。もし店舗をブランド体験の施設と考えるなら、店舗自体を〈知覚刺激〉ととらえましょう。

もし店頭とECが相互に独立していて、「製品は同じで、2つの異なるターゲット消費者に、異なるベネフィットを提供している」のであれば、現実的には2つの異なるブランドだと理解します。この場合、2つのパーセプションフロー・モデルを用意するのが正解です。

Q. 全タッチポイントが同じメッセージを発する方がいいのではないか？

1990年代から2000年代にかけて、IBC（Integrated Brand Communication）とか、IMC（Integrated Marketing Communication）といった考え方が隆盛しました。会社によっては「360度コミュニケーションプランニング」などが流行ったかもしれません。360度、全方位からさまざまな消費者接点（タッチポイント）を効果的に使って消費者にコミュニケーションすべきである、という考え方です。消費者を中心に起き、取り囲むように広告やコミュニケーション計画が配置される図などは典型的な提案資料でした。多様なタッチポイントを効果的に使う、という意図はパーセプションフロー・モデルと同じです。パーセプションフロー・モデルも、IBCやIMCを実現する方法のひとつ、と説明しても間違いではありません。ところが、当時IBCやIMCとして採用されたアプローチが、パーセプションフロー・モデルとは大きく異なるケースもあります。それは、「全タッチポイントで同じメッセージを発するべきだ」という方針で、実装されてしまった場合です。

図表 5-6　メディア・媒体リスト

テレビ	新聞	雑誌	ラジオ	各種タイアップ	コミュニティ誌	交通広告	OOH	各種記事	プロダクト・プレースメント
ウェブサイト	ECサイト	SNS広告	SNS口コミ	レビュー	ディスプレイ広告	リスティング広告	メルマガ	キュレーション・メディア	YouTube動画広告
アプリ関連	モバイル・クーポン	GPS、位置関連	まとめサイト関連	ブログ関連	デジタルメディアその他	製品（五感＋α）	パッケージ各種	封入物その他	ラインナップやカテゴリー
価格	店頭POP	テスター	販売員	その他店頭体験関連	店頭値引き関連	レシートクーポン	店頭デジタル関連	チラシ	店舗タイアップ活動
ブランドイベント	公的イベント	個人的イベント	Pop-up store	DM	ポイントプログラム	オフライン口コミ	公的機関	登壇や書籍	他ブランドからの紹介

etc.

本書の説明でお分かりのように、多様なタッチポイントに働きかけるマーケティング活動をオーケストラに例えるとき、パーセプションフロー・モデルでは、すべての楽器（タッチポイント）がそれぞれにふさわしい旋律（メッセージ）を奏でて全体最適がなされた交響楽を目指します。対して、「全接点で同じメッセージ」というアプローチは、いわば全楽器が一斉に同じ旋律を奏でるのに似ています。とても大きな音が出ますが、大きな音を出すためにさまざまな楽器（タッチポイント）を用意しているのでないなら、実効性やマーケティングＲＯＩを考えると非効率なことが多いでしょう。

Q. タッチポイントの数は多い方がいいのか？

前出のＩＢＣやＩＭＣに関連して、タッチポイントが多い方がいい、という印象があるかもしれません。３６０度コミュニケーションなどを計画する際に、消費者とのタッチポイントがテレビと店頭とウェブサイトだけだと、十分に囲い込んだ絵になりません。そこで、思いつく限りのタッチポイントを貼りつけて、見栄えのいいプレゼンテーションがつくられたこともあるでしょう。経験的には、タッチポイントの数と実効性に強い相関を感じたことはありません。多ければ安心というものでも、少ない方が効率的というものでもなく、個別のケースごとに最適なタッチポイント数を探しましょう。

個数以上に重視すべきなのは、〈パーセプション〉の変化を促す〈知覚刺激〉を提供するために、最適な〈メディア〉を選択しているかどうか、だと思います。結果的に10個になる場合も、意外と5個ですむ場合もあります。参考までに、頻出する主要メディア50個の表を添付しました。これ以外にも強力なタッチポイントを有するブランドもあるでしょう。

Q. トライアルとリピートの動機が違ってもいいのか?

はじめて使うときに期待するベネフィットと、使い続けて習慣化したときのベネフィットが異なることは珍しくありません。むしろ、多くのブランドで観察されています。特に長い期間が経過し、ユーザーが一緒に過ごしてきた時間を意識しはじめると、積み重なった時間がもたらす安心感や愛着などは固有のベネフィットとして追加されます。また、確立した習慣やベネフィットを「失いたくない」という動機が発生することがあります。

人のパーセプションには、なるべく現状を変更せず、維持したいというバイアスがかかることがあります。これは特にリピートに有効に働きますが、ブランドスイッチにはむしろ障害となるでしょう。その代わり、はじめて使うときには新しいものへの期待など、わくわくした気持ちが誘因として使えます。これらは、ブランドに固有のベネフィットというよりも、長期の愛用や新鮮さといった性質による作用ですが、〈パーセプション〉や〈行動〉の変化を促す動機として、意識しましょう。

Q．ターゲット消費者を選びきれないが、どうしたらいいか？

自ブランドのユーザーの話を聞いていくと、同じブランドでも異なるベネフィットを感じていて、多様な消費者が存在することが分かります。例えば、肌がうるおうという機能を通して「若々しくいられる」というベネフィットを訴求しているスキンケア・ブランドを考えてみましょう。ユーザーの話を聞くと「昔から使っていて安心感を得られる」とか「香りがいいのでリラックスして癒される」、「私の肌に合っていて、化粧のノリがいい」など本来の訴求とは異なる使用理由が出てきます。「若々しくいられる」という方向にブランドが進化を続けると、既存ユーザーが愛用する理由との乖離は大きくなっていきそうで不安です。

ユーザーのなかには、今日の売り上げに貢献するグループもいれば、ライフステージの変化にともなって消費量が少なくなっていく愛用者もいます。同時に、いまはそれほど使っていなくても、今後の成長の原動力となるグループもいます。多くのブランドが、誰をターゲット消費者として選定すべきか悩みます。いま使ってくれている人か、それともこれから使ってもらうべき人か。「どっちも手放せない」というジレンマに陥るので議論も紛糾しがちです。結局、中途半端な妥協が繰り返され、二兎追うもの、となりかねません。いずれ、訴求するベネフィットと実際の製品性能、広告コミュニケーションと店頭展開、ターゲット消費者とタッチポイント、などの一貫性がマーケティング活動のあちこちで失われ、ブランドも精彩を欠いていくといった残念な例を少なからず見てきました。

今期今月の売り上げと利益を維持するためには、既存ユーザーが不可欠です。そもそも、いまの売り上げはこの人たちで構成されています。もし、既存ユーザーが消費量を拡大し、彼らに似たノンユーザーを取り込むことで将来の成長が実現できるのであれば、全活動を彼らに投入するのはマーケティングROIを高く維持しやすく、効率的です。もし、それでは成長が不十分であるなら、既存ユーザーとは異なる消費者グループに投資する必要がでてきます。この場合でも、通常は既存ユーザーの売り上げを失うわけにはいきません。一般的に、二方面作戦は難易度が高くなりがちです。有限の資源を分割し、ムダになる部分が増えるからです。それでも両者をうまくバランスする必要があります。

そこで、マーケティング予算の配分の仕方について、次のような考え方が参考になるでしょう。既存ユーザーによる売り上げの維持を「経費」と理解し、未来のユーザーを魅了し継続的に使ってもらう活動を「投資」と理解します。前者は経費なので、基盤となる売り上げを達成するのに不可欠な活動の「効率」を追求します。同様の施策であれば、基本的には安くできるものがいい施策です。既存ユーザーについては購入理由や消費行動を理解できていることが多いですから、確実性も効率も、高く維持できそうです。また、既存ユーザーを魅了し続けるためには、製品やサービスをはじめとする諸資源を使えるので、マーケティング予算はその分だけ少なくできます。成長をもたらす未来のユーザー向けには、「投資」としてマーケティング予算を投下します。未来のユーザーは未知のことも多く、効率以上に効果を理解するための実験も必要です。失敗することも多く、予備の資源も必要でしょう。もちろん、所与のマーケティング予算から「投資」部分を先に確定し、残りを「経費」として既存ユーザーに向けるという順番をとることもあります。ブランドのおかれている状況と戦略次第で、成長が第一義的であれば「投資」優先、リスクを負わないことが最優先ならば「経費」の部分を優先することが多いだろうと思われます。

Q．パーセプションフロー・モデルの開発には、どのくらいの時間や労力を投入するべきか？

事前にロイヤルユーザーのパーセプションや行動などの調査をする場合、それらの調査結果が納品されてから作業をはじめることが多いと思います。ブランドホロタイプ・モデルや戦略の開発も含め、1泊2日から2泊3日のオフサイトミーティングなどを開催して一気に開発するブランドもあります。また、毎週・隔週の定例会議で、数段階に分け、2、3カ月かけて構築することもあります。チームの経験値や能力にもよりますが、ブランドの定義や戦略策定が完成していれば、パーセプションフロー・モデルは合計8～24時間程度で出来上がることが多いでしょう。2時間の会議をベースとすると、4回～12回程度です。難しいケースでは調査などを挟んで長期化することもあります。過去の延長線上にあるプロジェクトを経験豊富なブランド担当者が描く場合には、数時間で描けるかもしれません。

建築業界の知人から、設計部分の費用は全体の3％が相場、と聞いたことがあります。設計の規模などにもよると思われますが、経験的な最適値として、マーケティングの設計図への目安にも使えそうです。1億円のマーケティング予算に対して300万円分、10億円のマーケティング予算に対して3000万円分です。人件費や、調査、外部のコンサルテーションなどを勘案するときの参考値になるでしょう。1億円のマーケティング予算を最適に使うのに1000万円を計画立案に投下するのは少し非効率に思えますし、50万円の設計では不安が残りそうです。同時に、1000万円かけることで組織強化も期待できるなら、2〜3年単位で見れば効果的な投資ということもあるでしょう。また、過去の設計図が流用できるなら、50万円の費用でも理に適いそうです。個々の案件の具体的な金額や時間については、マーケティングROIの改善、経験の度合い、組織の成長への貢献など、それぞれの状況や目的によって上下します。

Q. うちの組織に導入するにはまだ早い、と言われました。導入に必要な知識やスキルはどのようなものがありますか?

本書の説明を理解でき、有意義だと感じられれば、パーセプションフロー・モデル導入の能力・スキルあるいは適合性という点で準備はできていると思います。導入し、数回の振り返りをしてみてください。慣れるまで開発や運用に手間がかかるかもしれませんが、すぐに**3章**で示した効果を実感されると思います。

5-10 パーセプションフロー・モデルの練習法

自分の購買行動を記述してみる

さまざまな企業でパーセプションフロー・モデルの導入を支援して、各自の練習に効果的な方法が見つかりました。自分自身の購買行動を、パーセプションフロー・モデルを使って描いてみましょう。マーケターとして自分の購買や消費を追体験するのが趣旨なので、最初はブランド側の目的や戦略などを書く必要はありません。パーセプションフロー・モデルの本体部分ができあがってから、「このパーセプションフロー・モデルが設計されていたのだとしたら、ブランドはなにを目的と設定し、どういった戦略を考えただろうか」と考えてみることは、戦略思考のトレーニングにもなります。現象をさかのぼって戦略的な意図を推察する技術は、競合分析などでも有効に使えます。

購買体験の描写では、ナラティブ（話者が自身のことを物語る）な方法が一般的かもしれません。ナラティブは、時間の流れとともに出来事や経緯を自ら物語として語り、追体験するのに適しています。同時に、印象的な出来事の影響が強く出ることで、全体の俯瞰には向いていないこともあります。パーセプションフロー・モデルを枠組みとして使うことで、各段階が区分され、ブランド体験である〈知覚刺激〉と、〈パーセプション〉や〈行動〉の変化をたどりつつ全体をバランスよく振り返ることができます。

自分はどういった〈知覚刺激〉をどの〈メディア〉で受け取り、どう感じ、どう思ってどのような行動をとったか、段階ごとに振り返ってみましょう。〈行動〉→〈パーセプション〉→〈知覚刺激〉→〈メディア〉→次の段階の〈行動〉→〈パーセプション〉→〈知覚刺激〉→〈メディア〉、といった順番で振り返ると追体験を描きやすいと思います。

ほとんど自動的になされている情報処理や評価、行動などをパーセプションフロー・モデルの段階にそって、意識的にたどることで、理性的な行動も感情的な判断も客観的で再現可能な形で説明できます。この練習を通して、自身の無意識の行動を有意識的に観察する技術も身につきます。この技術は、消費者の現在の行動やパーセプションを理解するのにも、これから起こるべきパーセプションの変化を設計するためにも有用です。強い思い入れをもって買ったブランドと、なんとなく買ったブランドを描き分けることで、購買のバリエーションも理解できます。

グループでメンバーの購買行動を記述してみる

同様の振り返りをグループで練習することも有意義です。グループのメンバーひとりの購買・消費行動をみんなで質問しつつたどります。本人は議論に参加しても、被験者として消費者に徹し、メンバーの質問に答えるだけでもいいでしょう。グループで振り返ることで、自分では気づきにくい〈パーセプション〉の変化や〈知覚刺激〉、インサイトを見出せることがあります。同じブランドや部門のメンバーと行うことで、知見の共有や共通言語の確立にも寄与します。グループで作業するので、多様な視点から観察でき、人間の認識や知覚の仕組みについて、多くの経験値を得られると思います。

また、インタビューや行動ログデータ、量的調査などを通したユーザー理解の成果を、パーセプションフロー・モデルを通して整理するのも有効な練習です。特にロイヤルユーザーを対象とした記述は発見が多いでしょう。個々の調査目的はそれぞれ異なっても、パーセプションフロー・モデルの構造を念頭に置くことで、一貫性をもって消費者理解をまとめられます。

How to Qualify and Review

6章

成功につながる検証の仕方

経験から学ぶべきことは、「仕組み」と「働きかけ方」の2点に集約される。

自身の経験と、他者の経験の追体験から学ぶときに、意識しましょう。普遍的な原理や構造などの「仕組み」を理解し、具体的な実行の仕方として「働きかけ方」を習得することで、次回はもっと上手にできます。

6-1

事前の検証　消費者調査で確認する

典型的なロイヤルユーザー像を調査で導く

〈知覚刺激〉はマーケティング活動そのものなので、さまざまなプロフェッショナルの支援を受けつつ、マーケターが自ら考える必要があります。消費者に聞いても、答えは教えてくれません。対して、〈パーセプション〉については、ロイヤルユーザーの現状を参考にできます。新規ユーザーの獲得をする場合でも、ロイヤルユーザーの軌跡は重要なヒントです。新規獲得で優先的にターゲットとすべきノンユーザーは、現在のロイヤルユーザーによく似た人たちだからです。似たライフスタイルや価値観であれば、同じような問題や課題をもっている可能性も高く、同じベネフィットに魅力を感じる可能性も高いでしょう。上手にきっかけを提供できれば、購入してロイヤルユーザーと同様の愛着をもってくれそうです。新規獲得というと、いままでとまったく異なるニーズやライフスタイルの人々を考えがちですが、それでは同じブランドでアプローチする意義が薄くなってしまいます。ブランドは消費者とベネフィットに規定されることが大きいからです。現在のロイヤルユーザーに似た人たちはもう残っていないという状態でないなら、新規獲得をロイヤルユーザーに似た人たちから始めるのは、ひとつの定石として有意義だと思います。

〈パーセプション〉や〈行動〉の変化は、蓄積された消費者理解にもとづいて描くことが多いですが、データドリブン、つまりデータにもとづいて描くこともできます。まず「ロイヤルユーザーの典型的なブランド経験」を把握します。パーセプションフロー・モデルの各段階に従い、そのブランドを使う以前の〈行動〉や〈パーセプション〉、代替手段を探しはじめた理由やきっかけとなるエピソード、ブランドに【興味】をもった理由や接触した〈メディア〉、相談した相手、【購入】や訪店のきっかけ、はじめて使ったときの感動の様子、【満足】を体験した状況、【再購入】にいたった経緯、習慣的に使うようになったことで感じられている生活の変化、もしなくなったらどのように困るかなどの愛着度合い、ブランドに関する【発信】の経験などを聞いていきます。

具体的な回答は一人ひとりで異なりますが、背後にある考え方や〈パーセプション〉の変化のパターンは一貫していることがあります。同じベネフィットを享受するロイヤルユーザーは、そのブランドを使う動機やニーズ、愛着などの観点でみれば、お互いに似ている部分が少なくありません。そのブランドをはじめて見たのは店頭だという人もいれば、ネットの動画広告という人もいますが、感じていた課題や興味をもった点は似ていることでしょう。ネット通販での購入はクーポンがきっかけという人もいれば、お店ではセールを見かけて買ったという人もいます。いずれも「一時的な値下げで普段よりもお得な価格になっていたので、いま買おうと思った」と理解すれば、両者はよく似ています。表層の観察を通して、〈行動〉を動機づける〈パーセプション〉やインサイトの共通部分を理解しましょう。

異なる経路に見えても、最短距離をたどって【購入】、【再購入】した人と、ちょっと回り道をした人がいるだけかもしれません。同じブランドを使い続けている人たちなので、違い以上に類似が強いはずです。類似点を探すことで、ブランドが大事にすべき要素も見えてくると思います。経験的には、30人から50人のロイヤルユーザーを理解すると、ブランドに典型的なパターンが見えてくると思います。

D2Cブランドなどでは、消費者の行動データで同様の理解を進められることがあります。本人が忘れてしまうようなことや、答えにくいことでも、行動データなら仔細に追跡できます。多くのD2Cブランドでは、パーセプションフロー・モデルの【認知】から【購入】、【再購入】から【発信】の各段階で使われる〈知覚刺激〉がネット中心です。ブランドによっては、製品やサービスの使用中も、行動データを通して観察を持続できるかもしれません。行動データは直接的に〈パーセプション〉を測るものではありませんが、擬似的に〈パーセプション〉の変化の仮説をつくるのに役立つことが多いでしょう。

〈知覚刺激〉の質を計測しておくことも

全国展開の大規模販促キャンペーンや、大量のテレビ広告といった大がかりな投資が必要な場合、実際に投下する前に〈知覚刺激〉の質を評価しておくことがあります。例えばテレビや動画の広告であれば、事前にターゲット消費者にテレビ広告や動画を見てもらい、反応などを評価します。内容の理解度、見る前と見た後での購入意向の差、ストーリーや映像の説得力の有無、消費者の興味を喚起して「見たい」と思わせる度合いなどを計測し、理解しましょう。同時に、感想などに出てくる言葉の分析も有効です。数日後に被験者がなにを覚えているか、記憶の残り方なども把握できると、メディア量や投下期間を決めるのにも役立ちます。こうした理解は量的調査でなされることが多いですが、質的なものでも手がかりになるでしょう。

テレビや動画といった具体的なクリエイティブ表現以前に、提供するブランド体験がうまく受け入れてもらえるものか、事前に確認することもあります。インサイトやベネフィット、価格体系などを記したコンセプトボードや、それらを表現した動画を消費者に評価してもらいます。ここでも購入意向や、新しさを感じるか、好感をもてるか、値段はちょうどいいか、などを確認します。

パーセプションフロー・モデル全域で運用する〈知覚刺激〉は多種多様なので、コミュニケーションや施策などPromotion以外の4P要素についても事前に評価することは有益です。大きなプロジェクトでは、必須となるでしょう。価格設定、最適な流通経路、製品体験のよし悪しなどを、客観的に評価し、改良します。状況に応じて、導入後にも随時確認することで、継続的な改善につなげられます。

6-2 活動中の検証　1匹目の重要性

想定外の事態に対応する際のポイント

出発前に念入りに準備をしていても、はじめてみれば、なかなか予定通りにいかないこともあります。関係部署との行き違い、競合の不測の反応、予期せぬ社会情勢など、世の中は想定外な事態に事欠かないものです。〈ＫＰＩ〉の計測を通して状況変化の予兆をつかみつつも、想定外のことには現場が主導して対処する場面も多いでしょう。そうしたＶＵＣＡ対応では柔軟な修正が必要ですが、戦略を具現化したパーセプションフロー・モデルにのっとっていれば、修正後でも全体最適を維持し各部分がちぐはぐになることを防ぎやすいと思います。

感染症の拡大や災害の発生、それにともなう社会環境の変化など、変化の様相が急速で甚大な場合には、既存の戦略やパーセプションフロー・モデルでは対応しきれないことがあります。次々と問題が押し寄せているときには、自身もチームも動揺しがちですから処理の対象を見極める必要があります。優先的に把握すべきは、戦略を構成する2大要素である目的と資源です。すなわち、①目的変更を余儀なくされているか否か、②資源総量が大きく変化したか否か、に着目しましょう。いずれかに大きな変化が起きているときには、戦略の変更を検証します。戦略が変更される際には、パーセプションフロー・モデルも追随し、改修します。

「1匹目の魚」から効果的なヒントを得る

5章4項で、エベレット・ロジャーズの『イノベーションの普及』に描かれた伝播モデルに言及しました。ベルカーブを描く伝播モデルは、一般的には縦軸に採用者数、横軸に時間をとり、左端の先端2・5％を「イノベーター（革新的採用者）」、次の13・5％を「アーリーアダプター（初期採用者）」と呼びます。伝播モデルはディフュージョン・モデル（diffusion model）とも呼ばれ、新商品などのイノベーションの普及過程をあらわす概念モデルとして有効ですが、マーケティングへの応用では、横軸は原義通りに「時間の流れ」ではなく、「マーケティング活動に対する反応速度」ととらえると実践で使いやすいことが多いです。

マーケティング上のコミュニケーションが、すべての人々に同時に到達し、浸透すると考えるのは非現実的です。全員がイノベーションについて知っているという前提ならば、イノベーターはイノベーションを早期に受容しやすい性質をもつ人で、ラガード（採用遅延者）などと呼ばれる後方のグループの人々はイノベーションに忌避的な人だといえます。現実的には、そもそもコミュニケーションの伝達速度が異なります。イノベーターは新しい情報に素早く接することができ、それを理解し、行動を変えられる人、つまりマーケティング活動に対する反応速度の高い人たちだと考えるべきでしょう。逆に「ラガード（採用遅延者）」はむしろ、新しい情報に接しにくく、理解しにくく、行動を変えにくい人たちと理解できます。つまり、通常のマーケティング活動に対する反応速度の低い人たちです。

新商品などの導入初期に、イノベーターやアーリーアダプターが経験したパーセプションや行動の変化をよく観察して、プロジェクト中盤以降に向けた改良のヒントを探しましょう。いずれ、ベルカーブの真ん中あたりで34％を占める「アーリーマジョリティ（前期多数採用者）」や、その直後で34％を占める「レイトマジョリティ（後期多数採用者）」にアプローチしますが、彼らはイノベーターたちよりもマーケティング活動への反応がおだやかです。それまでと同じメッセージやメディアでは反応しきれないことがあるので、幾分分かりやすいものを多めに投下することがあります。どのような改善をすればいいのか、先行するユーザーたちの経験やパーセプションの変化に学びましょう。釣り師が1匹目の魚からその日のアプローチのヒントを得るように、初期採用者などの反応から、〈知覚刺激〉と〈メディア〉を通した効果的な働きかけ方のヒントを得られると有意義です。

先行するリードマーケット（地域を限定した、実験的な先行導入）などを展開することで、全国展開で起きることを事前に経験しやすくなり、全国活動に反映できます。ただ、活動を秘匿しにくいので、競争環境が激しい場合には慎重な検討が必要です。

6-3

事後の検証　改善し続けるために

結果から学ぶ組織は「繰り返し」を意識している

成功や失敗を個人の成果とすべきではないことは『ファクトフルネス』のハンス・ロスリングをはじめ、多くのリーダーたちが主張しています。「あのブランドがうまくいったのはAさんがいたから」で、「このブランドが苦労しているのはBさんがいなくなったから」だといった説明は、個人の能力に原因を求めます。個人の論功行賞とは別に、成功や失敗から組織が学ぶ必要があります。

では、結果から学ぶためには、どのようなことに気をつけるべきでしょう。いくつもの成功や失敗を経験し、観察してきて気づいたことは、「繰り返し」を意識することの重要性です。「繰り返しが予想される活動に臨むとき、次の挑戦を念頭に置く」ことで経験から得られるラーニングに大きな差が出ます。「成功や失敗から学ぶ」とはすなわち、「2回目によりよい成果を出すために、1回目の結果から、さらに改善し、修正すべき箇所を見出そうとする」ことです。

ちなみに、繰り返しはＰＤＣＡ（Plan - Do - Check - Action）のプロセスを回していく際にも重要な考え方です。繰り返さないものにPDCAを導入してもうまく機能しません。Actionは、次のラウンドのPlanやDoについての修正プランとなるのです。

「振り返り」がうまくできる組織は、プロジェクトごと年ごとに経験値が貯まってできることが増え、組織が強くなり、必然的にビジネスも成長します。一方、「振り返り」が苦手な組織は、活動の結果を示すだけで済ませてしまいがちです。「売り上げが10％伸びました。プロジェクトは成功です」とか「シェアが5％落ちました。施策は失敗です」といった具合です。現状把握はとても大事ですが、これだけでは「どうすればもっとよくなるか」は分かりません。

「仕組み」と「働きかけ方」の理解が次の施策を成功に導く

活動の振り返りでは「より上手くやるために、どこを改善し、修正すべきか」を学ばなくてはなりません。「もし、もう一度やり直せるなら、どのように変えますか？」という問いへの答えです。理解すべきことは2点、すなわち「仕組み」と「働きかけ方」です。**2章3項**でも触れていますが、組織の持続的な成長にはとても重要な考え方なので、少し詳しく説明します。

ボールをバットで打つことを想像してみましょう。「仕組み」を理解することは、飛んできたボールにバットがどう当たるとよく飛ぶか、といった作用や原理を知ることです。バットがどのようにボールに当たればいいか分かれば、次はもっとうまく打てます。この仕組みは普遍的で再現性があり、誰に対しても同じように機能します。メジャーリーガーでも素人でも、ボールが飛ぶ「仕組み」は変わりません。ブランド間で共有できたり、長期にわたって使えたりするでしょう。例えば、母親のインサイトやパーセプション変化のパターンは、紙おむつ選びでもベビーカー選びでも似ていることがあります。消費者の行動やパーセプションは、ボールが飛ぶ原理のように、「仕組み」として理解できることが少なくありません。

対して、「働きかけ方」を理解することは、どうすればバットをうまく振れるか、といった体の使い方を知ることです。バットの振り方が分かれば、次はさらにうまく打てます。「仕組み」と同様、誰に対しても同じように機能する大原則はあります。例えば、「バットを握るときには利き手が上」などは全員に適用できます。同時に、個々人に最適なフォームや振り方は同じではありません。身体能力や技量などが異なるからです。素人がメジャーリーガーと同じ振り方をしても、それはただのモノマネです。他社事例の表層をなぞっても、まっとうな解決にはならないことに似ています。自分に最適な振り方を習得する必要があります。マーケティング活動の立案や実行のノウハウの多くは、バットの振り方のように、「働きかけ方」ととらえられるでしょう。

以下に、「振り返り」の典型的な手順をまとめておきます。

①結果を段階ごとに冷静に理解する

まずビジネスの目的が達成できたか否か、結果を整理して判断をします。成功でもそうでなくても、結果のみに執着しないよう注意しましょう。成功したときには「いかに素晴らしい結果だったか」の羅列にとどまっていては、表層的な成功体験にしばられ、将来の失敗の原因になりかねません。反対に、うまくいかなかった場合の「振り返り」では、関連する部署や担当者を傷つけないために、なにが起きたのか曖昧なままにされることがあります。「振り返り」は犯人探しではなく、組織の強化のための改善点探しと心得ましょう。

せっかくパーセプションフロー・モデルにのっとった活動計画と実行なので、結果もパーセプションフロー・モデルに沿って振り返ります。最終的な売り上げや利益といった財務目標に加えて、各段階の〈ＫＰＩ〉の達成度合いなどをたどっていきましょう。売り上げや利益といった最終的な結果にいたるまでに、消費者になにが起きたのか理解しやすいと思います。

②現象をつなげるだけでなく、消費者を通して「仕組み」を理解する

「振り返り」では、「結果としての現象」と、「原因と思われる先行した現象」を直結して、分析としてしまうことがあります。例えば「感染症の流行で、売り上げが伸びませんでした」といった説明です。これらは２つの関連した現象を、原因と結果として示していますが、「仕組み」の説明にはなっていません。相関関係が分かれば脅威を知ることはできますが、対応は困難です。感染症で売り上げが落ちることは分かっても、どうしたらいいのかは分かりません。

成功の場合も同様です。「去年の年末は増量パック企画があったので、５０００万円の売り上げを

追加できました」といった「振り返り」では、増量パックが機能した仕組みが分からず、はたして次回も機能するか不明です。運よく競合の失策に助けられただけという可能性もあります。

そこで、現象と現象の間に「消費者の行動やパーセプションの変化」と「そうした変化をもたらした知覚刺激」をはさんで説明します。相関する2つの現象から、消費者を通して因果関係が見えてきます。例えば、年末の増量パックが機能したのは、「年末には40％の消費者が日用品の家庭内在庫を平均20％増やすから」で、「年末年始に、使い切っちゃったら面倒だな」という〈パーセプション〉があったからだと分かるかもしれません。であれば「年末年始の買い置きに最適」という店頭での〈知覚刺激〉は、次回も機能しそうです。同じ「仕組み」は、お盆休みなど年末以外の休暇期間にも、他のブランドにも応用できるでしょう。パーセプションフロー・モデルにもとづいて振り返ることで、どの〈知覚刺激〉がどのように〈パーセプション〉に影響し、〈行動〉が変化したのか「仕組み」を理解しやすくなります。これは「バットがどのようにボールに当たればいいか」を知ることです。

③スキルセットを意識しつつ「働きかけ方」を理解する

ついで理解すべきことは「働きかけ方」、つまり「バットの振り方」です。「このプロジェクトを通して、できるようになったことはなんですか？」という問いを立ててもいいかもしれません。パーセプションフロー・モデル上では、クリエイティブや施策を開発する際の考え方やノウハウ、メディア計画を立案・実行するときのコツや手順などについての振り返りです。〈知覚刺激〉の質や量を〈ＫＰＩ〉

に設定していると、「働きかけ方」の計測ができ、改善につなげられます。ブリーフで示されていることと、実行とのギャップなども「振り返り」の対象として重要です。

広告会社やパートナーと協働している場合には、年に一度、一緒に活動を振り返ることで有意義なラーニングにつなげられます。「振り返り」を通して、可能であれば「働きかけ方」のラーニングを、特定の手順や手続きに反映するなどして仕組み化していきます。こうすることで、〈知覚刺激〉の実行などをチームや個人の巧拙や暗黙知ではなく、組織のマーケティングドクトリン（定型のオペレーション）として形式知化し、繰り返せます。バットを握るときは利き手が上、バットを振るときは腕の力ではなく腰の回転を利用する、といった、個体差や状況に依存しない、普遍的なコツを学ぶことに似ています。

また、「働きかけ方」の振り返りでは、強化すべきスキルを意識すると有効です。各段階の〈知覚刺激〉の開発や制作に関わるスキル、〈メディア〉や媒体などのプランニングや実行に関わるスキル、複数部門の連携を促すスキルなど、マーケティング部門に必要な一連のスキルセット（スキルのグループ）を整理しておくと、能力強化を実感しやすくなると思います。

欲求五段階説で有名なマズローが、I suppose it is tempting, if the only tool you have is a hammer, to treat everything as if it were a nail.と言ったという話があります。「金槌しかもっていないと、全部の問題を釘のように扱う」といった意味です。オリジナルの話には、実は金槌も釘も出てこない、という説もありますが、このセリフは金槌使いをちょっと小馬鹿にしているように聞こえます。確かに、すべての問題が釘なはずもなく、あちこち叩いて回るのはあまり正解な感じもしません。金槌レベル1程度のスキルで、すべてを釘として扱うのは残念ですが、もし金槌レベル99ともなれば、金槌だけでかなりのことができそうです。よくなじんだ道具は、瞬時に使える点も見逃せません。

パーセプションフロー・モデルのようなフレームワークの運用能力を高めることも、同様です。習熟度を上げることで、できることや使い道が増えます。回数を重ね、経験を積むことで、スキルが高まり、効果と効率も持続的に強化されていくでしょう。マーケティング活動を通して市場を創造し、ブランドを構築して消費者の生活と彼らが大切にしている関係をよりよくし、マーケティング組織と人材の成長を実現するのに貢献できると思います。

Keywords and Ideas

Column

Column #1 戦略・目的達成のための資源利用の指針

戦略の本質

あらゆるマーケティング活動には達成すべき目的があり、使える資源は有限です。そこで、資源を効果的・効率的に使うための指針が必要となってきます。これが戦略です。戦略という言葉は、「重要な」「長期的な」「計画的な」などの言い換えや、高尚な雰囲気を出すために曖昧な意味の修飾語のように使われがちですが、「目的達成のための資源利用の指針」と定義づけることで明快に理解でき、組織の共通言語として使いやすくなります。構成要素が「目的と資源」の2点に絞られているので、シンプルで汎用性が高く、国内外の多くの企業も戦略の基本概念として採用しています。

消費者や市場環境の変化、競合の活動、取引先との関係などは、戦略を考える際に重視されがちな要素です。同時に、こうした要素は戦略に直接的に作用するものではなく、「目的と資源」への影響を通して、戦略に作用します。また、経営戦略の教科書にあるフレームワークやモデルなども、基本的には「有限の資源で、目的を達成するためのパターン」を定型化したものだと理解すると、使いやすいと思います。

簡易テンプレート

言うまでもなく、マーケティングの全体設計にも戦略は必要不可欠です。そこで、戦略を記述する簡易テンプレートを用意しました。

「長期的な収益目標を達成するために、期限までにKGI：収益目標の再解釈を実現するべく、優勢な資源を活用した方針に注力／集中／傾注する」という文を標準型として、［　　］内に自ブランドについて記入します。汎用型の簡易テンプレートなので、完全な戦略が完成するわけではありませんが、端的に議論の叩き台を描けます。

2章2項では、次のような戦略が出てきます。「中期経営計画に示されている年率5％の売り上げ成長を達成するために、本会計年度中に新たに10万人の継続的に使うユーザーを獲得する。ロイヤルユーザーに似たライフスタイルのターゲット消費者グループを対象に、製品の使用体験を通して「ベネフィットの体感」と「満足」の提供を促す」。この例ではテンプレートの記述に加えて、ターゲット消費者を明示しています。ブランドマネジメントではターゲット消費者の設定が明暗を分けることが多いので、マーケティング戦略の記述に含めることも有効です。

戦略策定の注意点

戦略の策定に際しては、①目的の再解釈と、②資源の解釈、③資源優勢の確立、の3点に気をつけましょう。この例では、年率5％の売り上げ成長のために、10万人の継続的に使うユーザー獲得が必要とされました。つまり5％成長＝継続的に使うユーザー10万人と再解釈されています。同時に、単位が「％」から「人」へと変わりました。場合によっては、「回数」「g」や「個」といった消費の単位で記述します。目的の再解釈では単位が変化することが多いので、意識してみてください。

年率5％の成長は、既存ユーザーの使用量拡大とも、新しいエントリーユーザーの試用促進とも解釈できるでしょう。通常、目的は複数の解釈が可能で、それぞれが戦略の候補です。そして、戦略の候補案によって、投入可能な資源総量は異なります。

例えば、既存ユーザーの使用量拡大策を採用する場合、ロイヤルユーザーの使い方をライトユーザーに展開できるなら、「ロイヤルユーザーの使用方法」を知っていることは重要な資源です。しかしながら、この知識はエントリーユーザーの試用促進には使いにくそうです。「多くの量販店で取り扱いがあり、どこでも買える」ことや「ポジティブな利用レビューが多く見られる」ことの方が、エントリーユーザーに対しては強力な資源となるでしょう。一般的に、ブランドに固有の資源の投入を促す戦略は、効果的なものであることが多いと思います。

ヒト、モノ、カネなど定量的な資源量は同じでも、戦略の候補案によって資源総量は変化します。

目的の再解釈で導かれた戦略の候補案のうち、投入できる資源総量がもっとも大きくなる候補案を選ぶ、つまり「資源優勢」の実現が、最良の戦略を導く定石です。また、投入可能な資源は、現有する手持ちのものだけとも限りません。将来的に入手可能なものも、投入可能な資源として勘案します。

戦略を開発するときには、①目的を再解釈して戦略の候補案とし、②それぞれの候補案に対して投入可能な資源をリストアップし、③目的に対して「資源優勢」となる選択肢を選ぶことで、もっとも効果的・効率的に目的を達成する戦略を描けます。

戦略の体系的な理解には、拙著『なぜ「戦略」で差がつくのか』(宣伝会議)を参照してください。

Column #2 マーケティング・市場創造のための総合的活動

マーケティングの本質

日本マーケティング協会などが唱えるマーケティングの定義は、うまく本質をとらえています。「マーケティングとは、企業および他の組織がグローバルな視野に立ち、顧客との相互理解を得ながら、公正な競争を通じて行う市場創造のための総合的活動である」。そして、その核心部分を要約すると「マーケティングとは、市場創造のための総合的活動である」と端的に理解できます。

野菜を洗って刻んだり、肉を切って炒めたりすることは「料理」の一部です。こうした行為を「料理をしている」とも呼びますが、料理の本質的な意味は「食べ物をこしらえるための総合的活動」です。同様に、商品開発や調査、広告や販促施策などの活動はマーケティングの一部で、こうした行為を「マーケティングをしている」と呼びますが、マーケティングの本質的な意味は「市場創造のための総合的活動」です。

マーケティング＝市場創造と理解すれば、「企業経営はマーケティングそのものである」という論も、「新しい価値を提案し、市場創造を続けることが、持続的な企業繁栄の道だ」と説いていると理解できます。新たに市場が創造されるなら、結果的に売れる仕組みにもなりそうです。

市場創造の要諦

そして、市場創造は「いい商品」を再定義することで実現されます。例えば、1990年代の「いいクルマ」は、「乗り心地がいい上質なセダン」などの属性が重要でしたが、2010年代では「環境への負荷が少ない」、2020年代では「自動ブレーキなどの安全装備」が重要な属性となって「いいクルマ」を決定づけています。そのたびごとに市場の首位は変化します。逆に市場の首位が入れ替わるときは、こうした市場創造が起きているようです。「消費者が望んでいる既存の属性順位を、一番うまく満たしたブランドが市場の首位になる」という印象がありますが、必ずしも現実に即したものではありません。

属性順位転換

消費者は自分たちが欲しいものを知っている、という前提について、その粒度には注意が必要です。多くの消費者は、自分が欲しいものを具体的にイメージしているわけではないからです。「家族でドライブに行ったり買い物に行ったりするために、いいクルマが欲しい」ところまでは明確でも、「そのために必要な性能」は曖昧なことが多いようです。今晩なにを食べたいか聞かれ、「なんでもいい」

と答えてしまうのが多くの消費者です。たぶんおいしい晩ごはんを楽しく食べたいのでしょうけれど、具体的なメニューは曖昧なままです。

そこでマーケターは「家族でドライブに行くための、いいクルマ」にとって重要な製品の「属性」を提案します。提案された属性に消費者がニーズを感じると、属性の重要度が転換し、「いいクルマ」の定義が変化します。通常、その属性の順位転換を促したブランドが、次世代の市場のリーダーになります。さらに、新たな「いいクルマ」の定義に追随するブランドが出てくると、市場の変化が促され、消費者の好みが変化したように見えます。古い定義に従う先代のリーダーブランドは、ちょっと時代遅れな印象になるかもしれません。

こうした変化は自動車のような耐久消費財に限らず、洗剤のような日用品でも同様です。「軽量コンパクトで、粉末」という属性が「いい洗剤」を定義していた時代がありましたが、事例で紹介した除菌などを経て、最近では「簡単に使える」とか「ニオイを抑える／いい香りがする」などの属性が重要度の順位を上げました。こうして、定期的に市場創造が起きています。

ニーズの創出

属性順位を転換し、いい商品の定義を刷新して市場創造をする総合的な活動がマーケティングです。この活動はすなわち、ニーズを創出することにつながります。

Column #3 ベネフィットと機能・主語はブランドか、消費者か

ベネフィットと機能の違い

ブランディングに関連する諸概念の中で、頻繁に混乱が見られるのが、ベネフィットと機能の違いです。機能はベネフィットよりも模倣しやすいので、特定の機能にもとづきつつ、ブランドは固有のベネフィットを訴求することが重要です。単なる機能をベネフィットと誤解し、ブランド活動の中心に置いてしまうことがありますが、消費者に向けた訴求が凡庸になり、価格競争に陥る原因となっていることが少なくありません。

ベネフィットと機能の区別は、それなりに経験を積んできたマーケターでも理解できていないことがあります。ベネフィットと機能が混乱していても、効率は悪いながら、オペレーションはなんとなくできてしまいます。「できてるからよし」と認識して、放置しているかもしれません。ちゃんと料理を学ばなくても、卵を焼いたり肉を炒めたりすることはできます。もちろん「食べられるからよし」と満足することもできますが、まっとうな料理の仕方を理解して、素材のもつ力を引き出し、もっとおいしくつくることもできます。マーケティングも同じです。ベネフィットと機能の区別を明確にす

ることは、製品やサービスに備わった力を存分に引き出すための第一歩です。ひるがえって「いまのままでオペレーションが回っているから大丈夫」と考えるのは、「食べられればなんでもいい」というレベルの料理かもしれません。正しく理解することで、もっと改善できます。しかも、多くのマーケターが十分に使えていない、強力な武器を手に入れることにもなります。

ベネフィットの主語は消費者

ベネフィットは、消費者がブランドを欲しいとか、使いたいと思う理由です。つまり、主たる購入理由です。ブランドを使うことで、消費者が経験する「なにかいいこと」ともいえます。ベネフィットの体感は、製品やサービスの機能や性能によってもたらされるので、両者の理解に混乱が生じます。見分け方として、通常、ベネフィットの記述では主語は消費者です。

機能・性能の主語はブランド

製品の機能や性能は、消費者がブランドの使用を通してベネフィットを体感するための、もっとも重要で直接的な手段です。通常、機能の記述では主語がブランドや製品、成分などです。

紙おむつのケース

紙おむつを例にベネフィットと機能の違いを明示してみましょう。紙おむつの典型的な製品機能に「もれない、むれない」があります。この時点で、すでに「購入理由」になりそうですし、「競合ブランドよりも、もれずに、むれない」などと表現すればベネフィットのように聞こえますが、これは機能です。競合は追いつきやすく、価格競争にも陥りやすいでしょう。

紙おむつが「もれない、むれない」から消費者が体験するなにかいいことがベネフィットです。赤ちゃんは眠っている間に、1日の記憶の整理などして脳を発達させたり、成長ホルモンを分泌して発育を促したりします。赤ちゃんが不快感を覚えることなく、ぐっすり眠れれば、そうしたプロセスも邪魔されません。そこで、ベネフィットは「赤ちゃんがぐっすり眠れて、発育を促す」と設定できます。消費者が紙おむつを買うことで手に入れるのは、「赤ちゃんがぐっすり眠れて発育を促す」ことです。実際、世界的に非常にうまくいったベネフィットのひとつです。

同じ「もれない、むれない」から、赤ちゃんではなく親向けのベネフィットを創案することもできます。上記のようなおむつを選ぶことで、汚れ物が減り、赤ちゃんがあまりむずからないかもしれません。であればベネフィットは「おむつ周りの手間が減るので、赤ちゃんと楽しく一緒に過ごす時間が増える」というベネフィットも成立するでしょう。同じ機能でありながら、ずいぶんと異なるベネフィットが訴求でき、まったく違うブランドが生まれます。

Column #4 ベネフィットの類型

「個人」か「社会」か「代理」か

さまざまな製品カテゴリーで、多様なベネフィットが考えられますが、それらはいずれ3つの普遍的な類型に分けられるように思います。現時点では仮説の部分も多いですが、ベネフィットを網羅的に考える際の参照や発想のきっかけなどとして、実践に資すると思います。

①個人の快体験に関するベネフィット：能力を使い、整え、強化する

［所有する能力を一定の閾値以上に使う］

自身の感覚器を、一定の閾値以上に使うことによる快体験です。視覚、聴覚、触覚、嗅覚、味覚などの感覚器が特定の知覚を得て、閾値を超えると快体験につながることは、日常的に経験しています。きれいな絵を見る、美しい音楽を聞く、美味しい食事を食べるなどはこれらの例です。同様に、筋肉やバランス感覚などの身体能力を存分に使ったときにも、快体験を知覚しています。

能力の一部として、経験や知識、財力、自身が有する組織の力についても、同様の感覚があるよう

です。知っていることを話すのは、この快体験です。さらに、お金についても、たくさん使うことで快体験を生むことがあります。レストランで味覚を満足させ、劇場で視覚や聴覚を満足させることも快体験ですが、そのためにお金を使うこと自体に、充足感に似た快体験を経験しているかもしれません。「この商品はいくらだった」などと、うれしさを購入金額で表現することもあります。

身体の拡張として、道具や製品の機能や能力を日常的に利用しています。ハサミをうまく扱うことから、大馬力エンジンの繊細なコントロールまで、そうした道具を、一定の閾値を超えて自在に操ることも快体験です。

「能力を温存し、整える」

能力を思い切り使うのが快体験であるのと同時に、使わずにうまく節約するのも快体験です。楽をする、休む、手間をかけない、安く抑える、気を使わない。感覚器を含む身体や精神の消耗を抑えることが快体験に通じることも、日常的に経験しています。こうした快体験は、使うべきときに備えて消耗を防ぎ、能力を整えていると考えれば、「閾値を超えて使う」ベネフィットとも関連しているかもしれません。

「能力を強化する」

加えて、感覚器、筋力やバランス感覚、知識や財力、あるいは道具などを含めた能力の増強も快体験を生みます。能力が増強されることで、閾値を超えて使ったときに得られる快体験も強化されることが想像されるからかもしれません。モノやお金を手に入れ、服飾品を新調し、新しい道具を購入するといったことがこれに当たります。

製品カテゴリーによっては、バラエティシーキングと呼ばれる、新しい経験を追求する消費行動がみられます。いろいろな場所に旅行したり、異なる種類のお酒を楽しんだり、といった行動です。バラエティを楽しむことはすなわち、新しい経験や知識を増やすことによる快体験とも解釈できます。であるなら、新しい味や景色などを提供する際に、それぞれの背景や経緯などの知識を付与することで、快体験の効用や満足度合いを高められそうです。

②社会的な快体験に関するベネフィット：他者や社会との関係をよくし、期待に応える

SNSの隆盛が承認欲求と関連しているといった理解などもあり、社会的な快体験に関するベネフィットがマーケティングでも議論されやすくなってきました。

われわれが日常的に消費する財やサービスの中には、無人島にひとりで生活するなら不要なものが少なくありません。自身の消費について、上述の「個体的な快体験」と、「社会的な快体験」を比較してみれば、いかに多くのお金や時間を人に会い、社会と接するために使っているのか分かります。

新しく関係をつくったり、既存の関係を維持したり、改善したりするのは、社会的な快体験です。「いいね！」をたくさんもらい、会話がはずむのはうれしく、楽しいことです。写真映えするとか、話の

ネタに買ってみるといった購入動機も、社会的な快体験と関係しています。競技スポーツや対人対戦のゲーム全般は、相手があってはじめて成立します。そうした試合で勝利するよろこびは、ひとりでは味わいにくいでしょう。

こうした社会との関係は、「自我」として認識されることが多いようです。社会学者のアーヴィング・ゴフマンなどが示唆するように、ほとんどの自我は、社会との関わり方や役割を示しているとも理解できます。母、妻、会社の課長などは、それぞれ子、夫、上司や部下や同僚を含む会社との関わり方や役割を示しています。関わり方や役割が異なれば、事物を評価する方法も変化します。母として選ぶものと、妻として選ぶものと、課長として選ぶものと、ひとりの女性として選ぶものは同じではないことがあります。

また、季節に関係し、興行活動に関わるブランドの場合、社会生活に必要な時間管理に影響することがあります。大事な趣味や生きがいなどは、年単位の時間管理の基準として機能します。例えば、釣りやスキーといった、四季の変化に依存するアウトドアの趣味を楽しむ人は、年間スケジュールを対象の魚種の産卵時期やスキー場のオープン日などに支配されることに似ています。好きなアイドルや劇団などの年間の興行予定、スポーツイベントの開催やひいきのチームの予定などが生活のリズムを決めていくこともあります。

仕事や家事に管理される生活のスケジュールより、好きな趣味やひいきのチームなど熱中の対象による時間管理によって、社会的役割に依存しない「自分自身の自我」を体感できるのかもしれません。「個体の快体験」では能力を使うだけでなく温存も含まれるように、仕事や家庭など中心的な社会から「自我を一時的に休ませる」ことも快体験となるでしょう。そのためには、休暇などで物理的に社会から距離を置くことに加え、時間管理の体系から離れることも自我を休ませる快体験の方法だと思われます。

③代理による快体験に関するベネフィット

生物学の領域に「代理報酬」という概念があるそうです。ゴールデンウィークの頃に鳴きはじめたばかりのウグイスは、うまくホーホケキョと歌えません。そうしたウグイスを生物学者が調べたところ、ほかのウグイスの上手な鳴き声を聞いたときに快楽を感じているそうです。そこで彼らはこれを「代理報酬」と名づけました。自分ではできないことを擬似的に体験する快体験です。

人間に対するベネフィットでも、代理報酬に類するものがありそうです。歌手のコンサートは、一般的には「聴覚や体全体で感じる空気の振動による刺激、演出による視覚への刺激」などを通した個体的な快体験や、「大事な人と一緒に感動を共有することで関係をよくする」といった社会的な快体験です。加えて、歌の練習をしている人たちにとっては「自分ではできないことの擬似的な体験」という、代理報酬の快体験があるかもしれません。トップアスリートによる競技や最高峰のレースの観戦、大物を釣り上げる動画の視聴などもその例と理解できます。個体の能力になにか起こるわけではなく、また社会的な作用があるわけでもないので、３つ目の快体験としました。

代理報酬による快体験は、「個体の快体験」を擬似的に感じたり、自身の能力獲得を期待したり、あるいは単純に感覚器の閾値を超えた刺激が「ほかのウグイスの鳴き声」だったというだけで、「個体の快体験」の一種だ、という考え方もあるでしょう。あるいは、自分よりも上手な他者への賞賛として「社会的な快体験」の一部とも理解できるかもしれません。正確な分類や考察はほかの機会に譲りつつ、本稿では「個体の直接的な快体験」や「社会的なやりとりなどを通した快体験」に加えて、「自分ではできないことを擬似的に体験する快体験」というベネフィットの分野があることを示しておきたいと思います。今後、ＶＲやＡＲといった映像技術、没入感の高いモニターなどの開発が進むでしょう。通信技術やインターフェイスの進化などと合わせて、「代理報酬」的なベネフィット体験の大きな発展があるかもしれません。

Column #5 ブランド

●ベネフィット創出に関わる「意味」

根幹となる要素は明示しておく

マーケティングが市場創造で、ニーズの創出であるとき、ブランドは意味で、ベネフィットの創出に関わります。ブランドの定義にはいくつかの種類が存在し「ある売り手あるいは売り手の集団の製品を別の製品と識別させることを意図した名称、言葉、サイン、シンボル、デザイン、あるいはその組み合わせ」といった定義を唱導する権威もあります。網羅的な記述は学術的にも安心ですが、実務においては、少し煩雑に感じることもあるでしょう。そこで、「ブランドとは意味である」と理解しておけば、実践で困ることはないと思います。

ブランド名には既存の名詞が使われることも、言葉を新しく創造することもあります。アリエールはもともと天使の名前です。ファブリーズはファブリック(布)とブリーズ(風)から創られた混成語です。いずれもブランド名として、それぞれ固有の「意味」を確立しました。その意味には、ブランドに特徴的な機能やベネフィットの連想、「私の母が使っていた」とか「いい香りがして機嫌よく過ごせる」といった自分自身の経験や記憶などを含みます。そうした「意味」を包括的に管理するためにも、ブランドが掲げるパーパス（大義）やターゲット消費者、提供するベネフィットやパーソナリティなど、ブランドの根幹となる事項を明確にしておくことが効果的です。ブランドがうまく確立されると、コミュニケーションの効率が上がり、高い利益率に貢献します。

ブランドマネジャーの矜持

ブランドマネジメントの経験の中で学び、大事にしていることのひとつに、「自身が引退し、寿命が尽きるときにも、自分が携わったブランドが社会に愛され元気にしていることを目指す」というブランドマネジャーの矜持があります。「意味」であるブランドにはライフサイクルはなく、うまく管理すれば永続します。もちろん、消費者や社会に必要とされ続けなくてはなりませんし、利益を出し続けて会社に投資してもらいつつ、競合の圧力に負けない強さも必要です。加えて、社内の仕組みが障害となることがあります。ひとつは製品技術のライフサイクルで、もうひとつは人事異動のキャリアサイクルです。いずれも、数年ごとにやってきて、ブランドの存続に大きな影響を与えます。

製品技術とブランドを同一視している場合には、技術革新のたびにブランドをつくり変えることになり、長命を阻害します。かつて日本のテレビ受像機は多くの技術革新を生み出し、世界市場を席巻しました。技術革新のたびにブランド名を変え、固有の意味を確立しにくかったことは、時代が移り変わった理由のひとつかもしれません。また、担当者が新しくなるたびにブランドの方針が変更されることも、活動の不安定さを招き、好ましくない結果をもたらすことがあります。そうした技術革新や人事異動のサイクルよりも長くブランドを存続・成長させるためには、ブランドが体現する「意味」を明示し、構造化しておく必要があります。無分別なライン拡張や、思いつきによるベネフィット変更、刷新のための刷新、なども避けやすくなります。具体的な方法を**コフム#6で示します。**

Column #6
ブランドホロタイプ®・モデル
ブランド定義のフレームワーク

フォーマットを統一しておく

ブランドマネジメント制の企業の多くは、ブランドを定義するフォーマットを持っています。フォーマットは共通言語でもあるので、社内に複数のフォーマットが存在する場合には統一しましょう。

実績のある汎用フォーマットに、ブランドホロタイプ®・モデルがあります。多様な領域で展開されていて、パーセプションフロー・モデルと併用しやすいので、掲載しておきます。

①大義

- Purpose：ブランドが唱導する大義や、存在理由をPurposeとして一文で示します。
- Vision：ブランドの理念として、ブランドが実現したい世界を描写します。
- Mission：Visionを達成する際にブランドが担うべき使命です。
- Value：Missionを達成する際に尊重すべき行動様式や価値観です。ブランドの活動に人格的な一貫性を保ちやすくなります。
- Role：複数ブランドをポートフォリオで管理している場合には、当該ブランドに固有の役割をRoleとして記述しておきます。ポートフォリオ内での役割が明確になり、自社の他ブランドと連携しやすくなるでしょう。

会社によって、VisionとMissionの表記が入れ替わるかもしれません。

②市場／競合

ふたつの視点から記述します。

日付：

Ver：

Vision：ブランドが実現したい世界の描写。

Mission：その Vision を達成する際に、ブランドが担うべき使命。

Value：その Mission を達成する際に、尊重すべき行動規範、価値観。

Role：同一企業内に複数のブランドが存在する場合など、
ポートフォリオ内で固有の役割があるのであれば、
それを記述しておく。

プロモーション・ターゲット：
特定の SKU や期間、新商品導入時などに限定的に訴求する対象者。基本的には、ブランド・ターゲットの一部を想定。

ベネフィット

主語はブランドではなく、消費者。ブランドが提供する機能や性能によって、消費者が得るべき便益。必要に応じて、そのベネフィットが満たすべきニーズやジョブを示す。

アイコン

ブランドが長期的に強い連想として有していて、失うべきではないと判断されている記号や色、デザインなどの特徴。

機能・性能

エクイティを体現し、ベネフィットを提供するために必須と考えられる性能などの物理的要件。

図表 7-1　ブランドホロタイプ®・モデル

ブランド名

大義（Purpose）

Vision, Mission, Value をまとめた一文で、
ブランドの存在理由。
（Vision Mission Value が明確であれば明示されていなくてもいい）

市場 / 競合

製品カテゴリー市場：
店頭の売り場など一般認識にもとづいた市場定義。

ベネフィット市場：
ジョブやベネフィットにもとづいたソース・オブ・ビジネスを競合とし、共有する競争の場を市場と理解する。

ターゲット消費者

ブランド・ターゲット：
ブランドが中・長期的にマーケティング活動を通して訴求する対象者。ペルソナの主要部分を記述。

エクイティ

長期的にブランドが意味として独占的に保有したい内容。多くの場合、ベネフィットと同義であるが、主語がブランドであることに注意。
エクイティが強力であると、各マーケティング活動の効率が上がり、結果、利益が大きくなる。

パーソナリティ

ブランドを擬人化したり、スポークスパーソンを設定した場合の人格。多様な消費者接点で、様々なブランド体験に人格を通して一貫性を確立する。ブランドに対する信頼や愛着の主要要素ともなる。価値観の体現でもある。

※テンプレート（PowerPoint版）がダウンロードできます。詳しくは297ページをご確認ください。

・製品カテゴリー市場：一般的な市場の概念で、万年筆市場、筆記具市場などがこれに当たります。
・ベネフィット市場：ジョブやベネフィットにもとづいたソース・オブ・ビジネス（Source of business：成長の原資となる、実質的な競合相手）を競合と設定し、接する場を市場とします。万年筆であれば「知的なギフト市場」などがベネフィット市場として考えられます。

③ターゲット消費者

ターゲットとする消費者群を2段階に分けます。
・ブランドターゲット：中・長期的にわたってターゲットとする消費者グループです。
・プロモーション・ターゲット：特定の施策や新商品導入時などに集中して訴求する対象者で、ブランドターゲットの一部を構成します。例えば、「運動部に所属する中学生・高校生」がブランドターゲットであるときに、「新しく部活動をはじめる中学1年生と高校1年生」をプロモーション・ターゲットに設定する、といった具合です。プロモーション・ターゲットについては、変更の頻度が高いことがあります。

④ベネフィット

消費者が欲しいと思い、ブランドを使用する理由です。主語は消費者で、ブランドが主語になる機能や性能と区別しましょう。**コラム#3**や**#4**も参照してください。

⑤エクイティ

ブランドに固有の「意味」や連想が広く浸透しているときに、ブランド・エクイティ（資産）と呼ぶことがあります。ブランド・エクイティが強力であると、マーケティング諸活動の効率が上がり、一般的にマーケティングＲＯＩを高めやすくなります。

⑥パーソナリティ

ブランドの擬人化か、ブランドのスポークスパーソンを設定するという方法で定義されることが多いブランドの人格です。さまざまな接点でブランド体験の一貫性を維持しやすくなります。ブランドへの信頼や愛着の根拠となることもあり、①大義に示されているValue（価値観）の体現者でもあります。よく知られた映画や小説などのキャラクターを設定すると、分かりやすくて有益なことが多いです。

⑦アイコン

ブランドが長らく使ってきて、失うべきではないと判断した記号や色、デザインなど知覚できる特徴を明示します。アイコンが強力だと、ブランド・エクイティが強力であるように、各接点での効率を上げられます。

⑧機能・性能

ベネフィットを提供し、ブランド・エクイティを実現するための性能など、物理的な要件や機能的な特徴を示します。ベネフィットの主語が消費者であるのに対して、機能の主語はブランドや製品、成分です。

短期間で変更してはならない

ひとたびブランド定義書を通してブランドを定義できれば、しばらく（少なくとも数年）は変えずにいることをお勧めします。そのためにも、消費者やブランドの経緯をよく理解した上で開発します。また、強力なブランドをつくるにはマーケティング部門が指揮をとりつつも、研究開発や営業、物流、財務にいたるまで各部門との密接な協働が必要です。全社で共有するプロセスをもつと有効です。

Column #7

成長・昨日できなかったことが今日できる

成長をどう定義するか

国内外の企業でマーケティング担当副社長やCMOなどの経験、コンサルタントとしての支援を通して、マーケティング組織や個人の成長について考える機会に恵まれました。そうしてたどり着いたのが、本項で取り上げる「成長の定義」、すなわち「成長とは昨日できなかったことが今日できること」です。マーケティングに限ったものではなく、他部門を含め、広く「成長」を考えるときにも有用です。

昨日できなかったことを明日できるために必要なのは、「昨日はもっていなかった資源や手段」を手に入れることです。追加された分だけ、できることが増えるでしょう。新商品の導入や新販路の開拓、新部門の創出や追加の資金・人員などは、明日できることを増やし、ビジネスの拡大につながります。

もうひとつの方法は、新しい知識を手に入れる、つまり「昨日は知らなかったやり方が分かる」ことです。ここでいう知識は、本に書かれるような「静的な事実」だけではなく、経験を通して得られる「動的な理解」なども含みます。「新商品開発はA部署のBさんに話を通しておくと円滑」といった社内の事情や、「質的調査では、インタビュー前の様子を観察することで、被験者の人物像やその場の人間関係などが分かりやすい」といったコツも「知識」ととらえられます。

10年目のプロフェッショナルが5年目時点より大きな貢献ができるのは、5年分の経験を経て「知識」の量が増えているからです。もし、通常5年をかけて得るべき知識を2年の経験で得られたなら、きっと優秀な人材です。そして、5年をかけて得るべき知識を2年間で提供できる仕組みをもつ組織は、きっと優秀な組織です。いくつかのマーケティング組織の成長に関わりましたが、こうした知識管理の影響が絶大でした。いままでに経験してきた組織成長やビジネス成長の大部分は、人的・物的・資金的な強化よりも、「やり方が分かる」という知識の強化だったと思います。

知識の特殊性

知識も資源や手段のひとつですが、少し特別です。実体を伴った多くの資源と異なり、時間による劣化、消耗、維持費がずいぶんと少なく済むことがあります。もちろん時代遅れになる知識もありますが、その損耗の度合いは製品や技術の劣化速度よりも緩やかであるように思います。極端な例では、戦略の原典ともいえる『孫子の兵法』は２０００年以上も前の知識ですが、まだ使える箇所がたくさんあります。ヒト、モノ、カネとは大いに異なります。製品は2年で旧型となり効力を失っても、製品開発に使われた知識や、その製品の魅力を訴求する知識は2年で用済みにはなりません。知識はうまく管理することで、プロジェクトや人数の積として増やすことができます。

そして、知識を得るための重要な方法が「経験する」ことです。「この1年、もっとも時間や労力、予算をかけたプロジェクトを思い浮かべてください。成功であれ、失敗であれ、あなたとあなたの組織は、その経験からなにを学ばれたでしょうか?」という質問を、多くの企業でしてきました。即答できる方は、平均で5%前後です。経験に学ぶことは、なかなか簡単ではないようです。パーセプションフロー・モデルの、枠外右上にプロジェクトを通して「なにをできるようになるか」とラーニング目的が示されています。意識することで、プロジェクトの経験から学びやすくなるでしょう。

19世紀の政治家ビスマルクは、「自身の経験から学ぶこともできるけれど、私は失敗を避けるために他人の経験から学ぶことを好む」という意味の箴言を残しました。いずれの場合でも、知識は経験によってもたらされます。自身の直接の経験は時間や空間、機会などに限界がありますが、記録された他者の経験の追体験であれば、そうした限界を超えられます。知識を効果的・効率的に①収集し、②蓄積し、③流通させられる仕組みや文化を構築できれば、知識による組織の成長を加速させられるでしょう。

共通言語

そして、知識は共通言語で伝播するので、各種の共通言語を整備することは、組織の成長のはじめの一歩です。言葉の意味合わせや言語体系の整理に加えて、マーケティングのプラットフォームとしてパーセプションフロー・モデルを導入することも、知識の収集、蓄積、流通に大きく寄与します。

おわりに

The Art of Marketingの由来

マーケティングで持続的に成果を出すためには、「仕組み」の理解による普遍性と、「働きかけ方」の習得による実践性の両方が必要です。働きかけ方を習得するには、仕組みを理解しておいたほうが便利です。エンジンの仕組みが分かっていれば、運転するのに役立ちます。とはいえ、仕組みを知っていることは、必ずしもうまく使えることを意味しません。人体の仕組みをよく知る「医者の不養生」は、めずらしいことではなさそうです。また、仕組みを無視して、働きかけ方の議論に終始するのも妙なことです。同じユニフォームを着て、同じバッティングフォームを真似しても、同じように打てるわけではありません。

普遍性と実践性、仕組みの理解と働きかけ方の習得、これらを両立し、一般化して示した模範のひとつが戦略書の原典、『孫子の兵法』だと思います。何千年も通用する普遍性をもって「仕組み」を示し、国や地域を超えて実践的な「働きかけ方」を説いています。

その『孫子の兵法』は、英語では"The Art of War"と呼ばれます。"The Art of Marketing"という本書のタイトルには、マーケティング活動の設計・実行において、普遍性と実践性を両立する考え方を提示しようという意図を込めました。市場創造としてのマーケティングと、意味づくりとしてのブランディングのために、〝普遍性の高い仕組み〟と、〝実践性の高い働きかけ方〟を実現する道具として、パーセプションフロー・モデルを見出してもらえれば、本書の試みは大成功といえるでしょう。

練習と実装

開高健の文章に、「書くということは野原を断崖のように歩くことだろうと思う」という、とても印象的で謎かけのような一言半句があります。「広い野原のどこを歩いてもいいように、対象はいかようにも書けるのだけれど、断崖の道を一歩ずつ確かめながら歩くように、最適の一本道をひと言ずつ探りながら書くのだ」と、読みました。本書も、マーケティングの野原に横たわる断崖をあきらかにする試みのひとつですが、書きながら気づいたことがあります。この箴言は、マーケティング活動の全体設計にも大いに通じる精神を示しています。ビジネスに無条件で絶対の正解はなさそうですが、状況と個人に依存する個別の最適解はきっとあります。それは、野原を断崖のように歩くことで見出せるのかもしれません。

開高健は書くように話し、原稿をほとんど推敲することもなかったと読んだことがあります。それは、天賦の才か、練習の賜物か、あるいはきっとその両方をもって、野原の断崖を歩かれたからでしょう。マーケティングの全体設計で正しい一本道を描くためには、消費者やタッチポイントといった「仕組み」の理解と、そうした仕組みへの「働きかけ方」の技術が必要です。前者は消費者理解や市場理解を通して、後者は練習や振り返りを通して強化できます。せっかく本書を読まれたので、まずはつくってみましょう。**5章10項**の「練習法」を参照してください。パーセプションフロー・モデルのフレームを通して自身の購入を振り返ることで、新しい発見があると思います。自分自身の行動に学び、技術を高められます。

実験と探求

原初の霊長類を始祖として、われわれは人類へと進化しました。ライト兄弟のライトフライヤー号を始祖として、機体、エンジン、素材などが新しく開発され、航空機は大きな進化を遂げました。こうした先例をなぞるなら、本書で示したパーセプションフロー・モデルは、原初の霊長類であり、ライトフライヤー号かもしれません。マーケティング諸活動を統合する手法の始祖のひとつとして、多くの時間と労力と予算をかけて進化を続け、ようやく霊長類の入り口に立ち、260メートルを飛ぶところまでやってきました。すでに改良型を運用する組織もあり、BtoBへの展開もはじまり、環境に応じて多様に進化していくのかもしれません。本書で示された諸概念を踏み台に、より強力なマーケティング思想やツールが生まれ、マーケティングがさらに世の役に立つことを祈念します。

謝辞

今回も、数多くの友人、先輩、後輩、同僚、クライアント、そして妻と猫たちに助けてもらい、ようやく本書が世に出ることになりました。構想から執筆までの間に、編集者が交代してしまうほど長い時間が必要な、実に困難なプロジェクトでした。編集の初代二島美沙樹さんと二代目上条慎さんに、心から感謝いたします。叩いた総文字数は60万字を超えましたが、最終的に残ったのは15万字ほどです。精米度合いならぬ精〝字〟度合いは25％程度となりました。意味のある文字が残り、十分なうまみが出ていることを願います。削ったお米はおせんべいになるそうですが、本書の原稿から削った文字はいずれ将来の肥やしにします。

パーセプションフロー・モデルの進化と洗練については、ＦＩＣＣ社の荻野英希さんとの継続的な議論に、大事な気づきや検証の機会をもらいました。ＦＩＣＣ社は、調査データに基づいてパーセプションフロー・モデルを設計できる数少ないエージェンシーで、モデルの運用に十分な経験と能力をもつ公式パートナーでもあります。継続的で有意義なパートナーシップに感謝します。

また、パーセプションフロー・モデルの開発と実装に際して、Ｐ＆Ｇ、ダノン、ユニリーバ、資生堂の各ブランド群のマーケターたち、上司、広告会社のプロフェッショナルに加え、調査、広報、製品開発、営業など各側面からのラーニングの共有やフィードバック、ご支援をいただきました。また、関西学院大学ＭＢＡ、神戸大学経営学研究科博士課程での研究や、日本マーケティング学会での経験からも重要な啓示をいただきました。あらためて、ありがとうございました。ともに考え、実践し、学び、教えていただいたことがうまく示されていれば幸甚です。

直接社名やお名前を示すことは控えますが、放送、電力、輸送機器、医薬品、家電、化粧品、飲料、教育、Ｄ２Ｃスタートアップ、ＩＰ、ウェブサービス、広告会社など多くのクライアント各社の皆様、数多の導入や実践をご一緒できたことに、深く感謝いたします。

最後に、普遍的なブランドマネジメントの考え方と、実践的なマーケティング組織構築の方法を伝授してくれたＰ＆Ｇの伝説的マーケティングリーダー、ジム・ステンゲル氏に心から感謝します。彼から学んだことが、伝統的な日本企業にブランドマネジメント制を導入する礎となりました。米国本社勤務中に彼から直接受けた薫陶は、その後もキャリアの重要な指針となっています。休暇中にもかかわらず本書の帯を書いてくれたことは、とてもうれしい記念となりました。

“Otobe-san is a master of marketing. I first met him when I was Global Marketing Officer at Procter & Gamble, and I experienced firsthand his innovation in marketing. His new book “The Art of Marketing” will help you be a better brand builder, a better marketer, and a more successful leader.” Jim Stengel

本書をお読みいただいた皆さんに、汎用型に例文を入れたサンプルを巻末付録（298～299ページ）にご用意しました。迷ったときの指針などにお使いいただければ幸いです。

特典

本書で紹介した以下のテンプレートを
購読者限定で無料で使用することができます。

	掲載ページ
→ **パーセプションフロー®・モデル**	**P58、P298**
→ **クリエイティブ・ブリーフ**	**P230**
→ **ブランドホロタイプ®・モデル**	**P284**

PowerPoint版のため、適宜加工してお使いいただけます。なお、本書とは内容は同じですがデザインは異なりますので、あらかじめご承知おきください。

ダウンロード方法

下記URLまたはQRコードからアクセスし、
質問で指定するワードを入力してください。
本書を読めば回答が可能です。

https://sendenkaigi.com/aom/

本件に関するお問合せ： 宣伝会議 書籍編集部　shoseki-henshu@sendenkaigi.co.jp

〈ご注意〉●ダウンロードしたテンプレートのデータは個人的使用の範囲に限らせていただきます。著作権者である株式会社クー・マーケティング・カンパニーの許可なしに複製・転載・再配布をすることはご遠慮ください●バージョンアップなどの理由により、収録データを適宜変更することがあります●諸般の事情により、予告なしにテンプレートの提供を終了する場合がありますので、あらかじめご了承ください。

目的：
エリア：
ターゲット人口：
ラーニング目的：

知覚刺激	KPI	メディア／媒体			
		paid	owned	earned	その他
① 環境変化などに伴い、問題をよりよく解決するあたらしい課題やジョブの提示	i. カテゴリー認知率、課題認知率、問題関心度、など	ネットやテレビの広告など	ブランドのサイトで紹介など	ニュース報道や記事などのPR活動	目新しいパッケージ・製品形状など
② ブランドによるベネフィットの提案	ii. ブランド認知率、ベネフィット認知率、ベネフィット関心度、試用／購入意向率、など	ネットやテレビの広告など	新商品紹介ページなど	口コミや新商品紹介記事など	目新しいパッケージ・製品形状など
③ 「いますぐ」購入するための機会を提供し、購入を正当化する口実やきっかけの提供	iii. 購入率、配荷率、店頭露出率、販売経路認知率、など	ネットやテレビの広告など	ECの強化、ポップアップストアなど	新しい流通チャネルなど	期間・数量限定商品、パッケージ、店頭など
④ ベネフィットの示唆を含む、期待値の的確な創出	iv. 購入〜試用までの時間、試用期待値、など	-	使用時に起動するアプリなど	-	包装、パッケージの形状、製品の感触など
⑤ ベネフィットを実感しやすい仕掛けの用意や、正しい使い方の啓蒙	v. 正しい方法での利用率、試用後満足度、試用後満足率、など	ベネフィットの実感につながる施策など	使用時に起動するアプリなど	使用方法についての専門家のアドバイスなど	パッケージ、注意書き、製品の構造や感触など
⑥ 継続使用によるベネフィット体験、スイッチコストの理解、習慣化の仕組み、ブランドへの関与度を強化する機会の提供など	vi. スイッチングコスト認知率、スイッチングコスト関心度、使用頻度や量、再購入率、SOR、など	ブランドロゴのノベルティの着用や利用など	マイレッジプログラムなどのCRM施策	継続利用の口コミ活性化施策	メンバーシップなど
⑦ 発信される自己像と自身の理想像との一致や、ブランド体験の共有など、発信したくなる動機や仕組み、きっかけの用意	vii. 推奨意向度、推奨意向率、投稿量、投稿頻度、投稿露出量、など	推奨プログラム、話題性のある広告など	口コミ評価の転載など（推奨の説明のヒント）	話題にするきっかけの構築など口コミ活性化施策	試用パックなど

→ ①②③④⑤⑥⑦ へ

ブランド名
（ID/ver.）：

キャンペーン名
（期間）：

戦略：

状態	行動	パーセプション
現状	1. 競合を購入／使用している	a. ベネフィットで問題解決されているか、あるいは積極的な理由なく、競合ブランドを使用中。
認知	2. 代替を探索する	b. 競合ブランドでは問題がうまく解決できず、いまの私にはあっていないかも。
興味	3. ブランドを検討する	c. このブランドを使えば、もっといい解決や、ベネフィットが得られる。このブランドを使うのがよさそうだ。
購入	4. ブランドを購入する	d. いまなら○○だし、いますぐ買おう。
試用	5. 製品にはじめて接する	e. 初めて使うし、ちょっとワクワクする。なんだか期待できそうだ！どうやって／いつ／どこで使うといいかな？
満足	6. ブランドを使用する	f. これはいい！期待以上の体験が得られて、とても満足だ。
再購入	7. ブランド使用が習慣化する	g. 習慣的に毎日使いたいし、このブランドへの愛着を感じる。このブランドを失いたくないと思う。
発信	8. ブランドを推奨する	h. このブランドを教えてあげたい。相手とベネフィットを共有したい。

※テンプレート（PowerPoint版）がダウンロードできます。詳しくは297ページをご確認ください。

『マーケティング22の法則』アル・ライズ／ジャック・トラウト 著、新井喜美夫 訳（東急エージェンシー）

『ブランディング22の法則』アル・ライズ／ローラ・ライズ 著、片平秀貴 監訳（東急エージェンシー）

『マーケティング戦争』アル・ライズ／ジャック・トラウト 著、酒井泰介 訳（翔泳社）

"Bottom-up Marketing" Al Ries/Jack Trout, Plume/Penguin Books

『ブランド 価値の創造』石井淳蔵 著（岩波書店）

『マーケティングの神話』石井淳蔵 著（岩波書店）

『経営者のためのブランド経営実践』石井淳蔵 著（碩学舎）

『マーケティングプロフェッショナルの視点』音部大輔 著（日経ＢＰ）

"velocity" Ajaz Ahmed/Stefan Olander, Vermillion

"Grow: How Ideals Power Growth and Profit at the World's Greatest Companies" Jim Stengel, Currency

"Unleashing the Innovators: How Mature Companies Find New Life with Startups" Jim Stengel/Tom Post, Currency

『イノベーションの普及』エベレット・ロジャーズ 著、三藤利雄 訳（翔泳社）

『イノベーションのジレンマ 増補改訂版』クレイトン・クリステンセン 著、玉田俊平太 監修、伊豆原弓 訳（翔泳社）

『ジョブ理論 イノベーションを予測可能にする消費のメカニズム』クレイトン・Ｍ・クリステンセン 著、依田光江 訳（ハーパーコリンズ・ジャパン）

『影響力の武器』ロバート・Ｂ・チャルディーニ 著、社会行動研究会 訳（誠信書房）

『プロパガンダ』Ａ・プラトカニス／Ｅ・アロンソン 著、社会行動研究会 訳（誠信書房）

『誰のためのデザイン？ 増補・改訂版』Ｄ・Ａ・ノーマン 著、岡本明／安村通晃／伊賀聡一郎／野島久雄 訳（新曜社）

『デザインの輪郭』深澤直人 著（ＴＯＴＯ出版）
『アフォーダンス 新しい認知の理論』佐々木正人 著（岩波書店）
『ファスト&スロー あなたの意思はどのように決まるか？（上・下）』ダニエル・カーネマン 著、村井章子 訳（早川書房）
"Predictably Irrational" Dan Ariely, Harper
『脳の配線と才能の偏り』ゲイル・サルツ 著、竹内要江 訳（パンローリング）
『BRAIN DRIVEN パフォーマンスが高まる脳の状態とは』青砥瑞人 著（ディスカヴァー・トゥエンティワン）
『ガリレオの指 現代科学を動かす10大理論』ピーター・アトキンス 著、斉藤隆央 訳（早川書房）
『FACTFULNESS（ファクトフルネス）』ハンス・ロスリング／オーラ・ロスリング／アンナ・ロスリング・ロンランド 著、上杉周作／関美和 訳（日経ＢＰ）
『戦争の世界史』Ｗ・Ｈ・マクニール 著、高橋均 訳（刀水書房）
『孫子』金谷治 訳注（岩波書店）
『戦争論 レクラム版』Ｋ・Ｖ・クラウゼヴィッツ 著、日本クラウゼヴィッツ学会 訳（芙蓉書房出版）
『孫子とクラウゼヴィッツ』マイケル・Ｉ・ハンデル 著、杉之尾宣生／西田陽一 訳（日経ＢＰ）
『リデルハート戦略論（上・下）』Ｂ・Ｈ・リデルハート 著、市川良一 訳（原書房）
『傭兵の二千年史』菊池良生 著（講談社）
『ドイツ参謀本部』渡部昇一 著（中央公論新社）
『戦術と指揮 命令の与え方・集団の動かし方』松村劭 著（ＰＨＰ研究所）
『なぜ「戦略」で差がつくのか。』音部大輔 著（宣伝会議）
『宇宙船地球号 操縦マニュアル』バックミンスター・フラー 著、芹沢高志 訳（筑摩書房）
『リズムの哲学ノート』山崎正和 著（中央公論新社）
『開高健 電子全集』開高健 著

索 引

〈著者紹介〉

音部大輔（おとべ・だいすけ）

株式会社クー・マーケティング・カンパニー　代表取締役
17年間の日米P&Gを経て、欧州系消費財メーカーや資生堂などで、マーケティング組織強化やビジネスの回復・伸長を、マーケティング担当副社長やCMOとして主導。2018年より独立し、現職。消費財や化粧品をはじめ、輸送機器、家電、放送局、電力、D2C、医薬品、IP、BtoBなど、国内外の多様なクライアントのマーケティング組織強化やブランド戦略を支援。博士（経営学・神戸大学）。著書に『なぜ「戦略」で差がつくのか。』（宣伝会議）、『マーケティングプロフェッショナルの視点』（日経BP）、共著に『ガンダムでわかる現代ビジネス』（SBクリエイティブ）がある。

The Art of Marketing
マーケティングの技法
パーセプションフロー®・モデル全解説

発行日　2021年12月１日　初版第一刷発行
　　　　2024年９月24日　初版第七刷発行

著　者　音部大輔
発行者　東 彦弥
発行所　株式会社宣伝会議
〒107-8550 東京都港区南青山3-11-13
TEL.03-3475-3010
https://www.sendenkaigi.com/

アートディレクション　細山田光宣
デザイン　鎌内 文（細山田デザイン事務所）
印刷・製本　三松堂株式会社

ISBN978-4-88335-525-9